I0449342

Paolo Cocchi

Introduzione alla filosofia del contrabbasso

P‡C
C

Progetto grafico e impaginazione: Paolo Cocchi

© 2008 Paolo Cocchi

ISBN 978-1-4092-8543-4

In copertina: foto di Amilcare Cenci

Colui che sa non parla

Colui che sa non parla;
Colui che parla non sa.
Colui che è buono non discute;
Colui che discute non è buono.
Colui che sa non gioca:
Colui che gioca non sa.

Quando nasce, l'uomo è
tenero e debole;
quando muore, è duro e rigido.
Perché ciò che è duro e rigido
è servo della morte; ciò che è
tenero e debole è servo della
vita.
Se un albero è troppo rigido si
spezza.
Ciò che è duro e rigido è posto
in basso;
ciò che è tenero e debole è
posto in alto.

Uno stratega dell'antichità ha
detto:
"Non oso essere l'ospite;
preferisco essere l'invitato.

Non oso avanzare di un
pollice;
preferisco indietreggiare di un
piede".
Questo è ciò che si chiama:
"Camminare senza che ci sia
un cammino,
sguainare la spada senza che ci
sia una spada, menare le mani
senza che ci sia un
avversario".
Non c'è disgrazia più grande
che prendere alla leggera il
proprio avversario.
Se io prendo alla leggera il
mio avversario, rischio di
perdere i miei tesori.
Perché, quando le armi
avversarie
si incrociano, vince colui che
cede.

Ciò che è calmo si mantiene
facilmente.

Ciò che non è ancora apparso
si previene
facilmente.
Ciò che è fragile fonde
facilmente.
Ciò che è minuto si disperde
facilmente.
Agisci prima che qualcosa sia;
crea l'ordine prima che ci sia
disordine.
Un albero dello spessore di
due braccia è nato
da un pezzetto di filo; una
torre di nove piani
è uscita da un mucchio di
terra; un viaggio di
mille leghe ha inizio da ciò
che sta sotto i piedi.
Gli uomini, nel trattare i loro
affari, spesso li rovinano

quando sono sul punto di
riuscire.

Veglia sulla fine come
sull'inizio;
allora nessun affare rovinerà.
Perciò il Santo desidera di
non-desiderare e
non dà valore ai beni difficili
da ottenere.
Egli si applica a non studiare e
torna nel punto
che tutti oltrepassano.
Così egli sostiene il corso
naturale dei
diecimila esseri senza osare
agire.

(Lao Tzu)

Indice

Parte seconda. Il lavoro del musicista su se stesso

Parte terza. Come vincere la partita

Prefazione

Perché un libro dal titolo: "Introduzione alla filosofia del contrabbasso? A chi è rivolto?

Diciamo subito che ho iniziato a scrivere come per una forma terapeutica; inizialmente è stata un'esigenza per superare alcune nevrosi, poi è diventato un approfondire varie tematiche che mi si presentavano di volta in volta.

Molti dei principi da me esposti danno una risposta non solo alle nevrosi degli strumentisti classici, ma anche a cantanti o attori. Soprattutto non voglio rivendicarne la paternità, ma rendere un sentito omaggio a grandi maestri, non solo del campo musicale, ed ai loro insegnamenti. Non si tratta quindi di una mia sensazionale scoperta. Io ho solamente riunito, dopo molti anni, le tessere di un grande puzzle.

Alla base di tutto c'è una mia personale ricerca per trovare un buon equilibrio ed eliminare la forza muscolare, causa di molti disturbi fisici e malattie professionali. Trovare quell'equilibrio che rende possibile che la mente sia libera di trasmettere le sensazioni musicali e la propria immaginazione.

Vorrei rimarcare il fatto che la sola lettura di un manuale d'istruzioni non può risolvere i problemi e insegnare a suonare uno strumento. Ci vuole molto impegno e soprattutto dovete essere i maestri di voi stessi.

La mia speranza è che questo libro possa aprire una finestra su un mondo sconosciuto, privo di frustrazioni.

Quali sono le frustrazioni, che quasi tutti noi abbiamo avuto esperienza, e che limitano se non bloccano il libero scorrere della musica?

All'inizio una frustrazione è causata spesso dal sostenere quel corpo estraneo che è lo strumento. Poi ci sono le mani con i polsi rigidi e in primo luogo l'arco. Tutto questo ostacola la naturale ricerca del bel suono; per questo ci sottoponiamo ad ore ed ore di studio per allenare e rafforzare i muscoli. Il risultato, purtroppo, è che questa diventa l'attività principale della nostra mente ed una continua lotta con lo strumento.

Io ho un bellissimo ricordo di mio padre, il quale si dilettava a suonare alcuni strumenti. Egli riusciva a trasmettere la sua musicalità meglio di molti professionisti, poteva dare libero sfogo all'immaginazione in quanto la sua mente era libera da condizionamenti.

Quello che noi ricerchiamo sin dall'inizio, è un suono potente, profondo, morbido, che attraversi tutta la sala. Avere questo tipo di suono è indipendente dalle ore di studio o dal talento. Spesso mi è capitato d'incontrare persone con tanto talento ma con un suono non proprio bello, e altre con un talento praticamente nullo ma con un bellissimo suono. La soluzione, più facile a dirsi che a farsi, è di usare la giusta pressione al momento giusto.

Il problema è che nel momento in cui non riusciamo a raggiungere il nostro ideale di suono, iniziamo a dare la colpa allo strumento o all'arco. Quindi, se uno non suona come vorrebbe si convince, (a volte lo convincono), che deve cambiare lo strumento. È vero, c'è un'enorme differenza tra strumenti o tra archi, ma è altrettanto vero che un approccio sbagliato su di un ottimo strumento darà comunque un risultato mediocre. Al contrario, con un approccio corretto anche

10

uno strumento medio, ma con una buona messa a punto, potrà fare un'ottima impressione.

Ricordiamoci che lo strumento non suona da solo; il suono prodotto dal nostro compagno di studi o dal collega d'orchestra differisce molto dal nostro.

Mi sono convinto negli anni che se uno strumento ha un buon suono, vibra bene, è perché è stato suonato in un determinato modo; le vibrazioni buone o cattive influiscono a lungo andare sulle fibre del legno. Una risposta dura, aspra, può rilevare alcuni difetti dell'esecutore come, ad esempio, braccia e/o polsi rigidi.

Purtroppo, per la stragrande maggioranza dei casi, i veri problemi non si trovano nello strumento, ma in noi stessi. Questo perché sin dalle prime lezioni non facciamo altro che creare delle barriere; a volte è lo stesso insegnante che applicando un metodo sbagliato o l'uso di parole non adatte, (imparate a sua volta), ci porta sulla strada sbagliata.

Infine, vorrei precisare che parlando in questo libro di taluni errori non faccio riferimento a determinate persone. Citando un famoso autore di satire del '700 dico che: "Non mi riferisco a nessuno in particolare se non a chi ha capito di essere stato individuato".

PAOLO COCCHI

Tizzano Val Parma, estate 2008.

A Carlo e Gelia

Introduzione alla filosofia del contrabbasso

*"Chi si perde nella propria passione
ha perduto meno di chi perde la propria passione"*
SANT'AGOSTINO

Parte prima

La paura del pubblico

1

Un'introduzione

La paura del pubblico, conosciuta anche con il nome di ansia da performance, è l'elemento più negativo in un'esibizione artistica, sia essa suonare uno strumento oppure cantare o recitare. Tra tutti i tipi di ansia, la paura del pubblico è la peggiore. Essa oltre a intorpidire le mani fa perdere la memoria, per di più una volta provata rimane talmente impressa che sarà poi difficile da eliminare. Il suo scatenarsi è dato dalla vista e dall'udito, per esempio in un'audizione. Uno dei primi scienziati a studiare il comportamento di paura fu Charles Darwin nel suo libro intitolato *Le espressioni e le emozioni nell'uomo e negli animali* (1872). Ma soltanto recentemente però, le neuroscienze sperimentali si sono occupate delle basi biologiche delle emozioni. Attraverso esperimenti di laboratorio con delle cavie, i ricercatori sono riusciti a ricostruire la mappa neurofisiologica delle regioni cerebrali che interpongono l'acquisizione, l'organizzazione e l'espressione delle reazioni di paura. Tale mappa ha sede nell'amigdala, regione del cervello dalla forma e grandezza di una mandorla. Un'altra struttura implicata nell'apprendimento delle risposte di paura condizionata è l'ippocampo, il quale calcola gli input provenienti dall'ambiente esterno in modo da poter valutare una data situazione (nel nostro caso può essere un concorso o un esame), e dare di conseguenza una risposta efficace che eviti gli stimoli ansiogeni. Le emozioni che noi proviamo dipendono dalle associazioni mentali che formiamo con l'apprendimento. Il condizionamento della paura è una delle principali forme di apprendimento con il quale impariamo a riconoscere un pericolo, svolge un ruolo pure nell'apprendimento delle paure patologiche come disturbi d'ansia, attacchi di panico ecc. Un esperimento prevede che una cavia di laboratorio venga sottoposta ad uno stimolo condizionato, per esempio un suono, che di per sé non suscita nessuna reazione nell'animale, e subito dopo gli venga dato uno stimolo incondizionato come una scarica elettrica. A seguito di numerosi abbinamenti tra suono e scarica, la cavia inizierà a reagire al suono con le stesse risposte di paura che prima erano riservate alla scarica. Risposte al condizionamento classico e che hanno un'utilità difensiva per gli animali, sono costituite dalle alterazioni dell'attività del sistema nervoso autonomo (battito cardiaco, pressione arteriosa) e di quello endocrino (rilascio di ormoni). Un esempio è dato dall'immobilità condizionata, conosciuta anche con il termine inglese freezing (congelamento), in cui l'animale reagisce ad uno stimolo incondizionato che produce paura (un caso è la scossa elettrica), paralizzandosi per alcuni attimi. Come ho già detto, l'amigdala è una piccola regione del lobo temporale mediale del cervello ed è essenziale per acquisire ed esprimere le associazioni di paura condizionata. Essa riceve informazioni da tutte le vie sensoriali: olfattive, visive, uditive. Tra le vie anatomiche dell'amigdala che sono interessate in modo particolare al condizionamento della paura, sono stati studiati in particolare i circuiti neuronali che regolano le risposte ai suoni. L'informazione uditiva arriva all'amigdala attraverso due vie parallele: una diretta che collega tra loro talamo e amigdala e una indiretta che collega talamo, corteccia e amigdala. La via diretta del talamo acustico è rapida, ma dà informazioni approssimative sui caratteri dello stimolo; diversamente, la via corticale è più lenta, ma ha la capacità di descrivere le informazioni acustiche con maggior precisione. Quali sono i vantaggi di avere due sistemi paralleli? In primis, l'esistenza di un percorso sottocorticale permette all'amigdala di riconoscere rapidamente gli stimoli potenzialmente pericolosi provenienti dall'esterno, utile nelle situazioni di pericolo. Secondo, il percorso subcorticale serve a consigliare l'amigdala a valutare con attenzione le informazioni ricevute tramite il percorso corticale. Un esempio di valutazione veloce può essere: "Un serpente, hai paura". Un percorso più lento però ha un maggior numero di informazioni e assicura una reazione più sensibile e considerata: "Un serpente, ma quei colori significano che non è velenoso, stai calmo".

Esperimento del condizionamento contestuale: se una cavia è condizionata ad aspettarsi una scarica elettrica alla zampa contemporaneamente ad un suono quando si trova all'interno di un box di condizionamento, essa reagirà con manifestazioni di paura non soltanto allo stimolo condizionato del suono, ma anche allo stesso box di condizionamento, pur in assenza del suono. Durante uno stress emotivo, le ghiandole surrenali rilasciano adrenalina che entra nel circolo sanguigno producendo effetti importanti in tutto l'organismo.

Ulteriori studi hanno dimostrato che l'ippocampo svolge un ruolo fondamentale nella formazione e nella conservazione delle associazioni contestuali di paura. Una volta formatisi, i ricordi emotivi si cancellano con difficoltà e possono portare allo sviluppo di comportamenti adattivi errati. Esistono comunque diverse terapie per il controllo dei disturbi emotivi attraverso l'utilizzo sia di metodi comportamentali sia farmacologici.

Nel momento in cui un solista si prepara ad uscire sul palcoscenico, le reazioni di paura comandate dall'amigdala portano a reazioni fisiologiche che coinvolgono cambiamenti nel corpo (vedi figura 1).

Figura 1.

Quando un esecutore timido si pone di fronte al pubblico, l'amigdala valuta la situazione e comanda una reazione di paura. Tale reazione non è soltanto psicologica (scarica di adrenalina), ma anche comportamentale. Con il termine comportamento intendo l'azione dei muscoli del corpo, la postura, i movimenti ed espressioni del viso. I comportamenti di paura hanno caratteristiche universali che ritroviamo in tutto il regno animale. Tuttavia, tali comportamenti li possiamo più facilmente osservare negli animali piuttosto che negli esseri umani per il semplice motivo che gli animali non cercano di nasconderli.

Nella stragrande maggioranza dei casi la paura del pubblico è considerata come un qualcosa di cui vergognarsi. Tale vergogna, o se vogliamo chiamarla disagio, imbarazzo, nasce da insicurezze fisiche e psicologiche molto profonde, le quali causano i problemi maggiori agli esecutori. La causa principale di questa tipologia d'ansia risiede nel fatto che pochi strumentisti, qui mi rivolgo in particolar modo ai contrabbassisti, riescono a raggiungere, durante un esame oppure un concerto, un livello di sensazione di tranquillità fisica accettabile. Le scomodità fisiche e lo sforzo nell'eseguire passi difficili in queste condizioni, impediscono il libero flusso della comunicazione musicale, essenziale perché vi sia un'esecuzione di successo. Ovviamente ci sono individui che naturalmente riescono a raggiungere una disciplina mentale e una scioltezza fisica che li porta a superare, in parte o del tutto, tali disagi. Riusciremo a vincere le parti negative della paura del pubblico se la nostra abilità combinata al desiderio di "dare", (verso il nostro prossimo), saranno sufficientemente grandi.

Di una cosa possiamo essere sicuri. Nessuno davanti ad una commissione esaminatrice (o un pubblico) suona nello stesso modo di quando studia nella tranquillità della sua cameretta. O suona meglio, in rari casi, oppure molto peggio, purtroppo più spesso.

Ogni essere umano è provvisto, come dicevamo all'inizio, di una giusta dose d'ansia. Questa è una componente necessaria della nostra psiche. La necessità di vincerla crea nell'essere umano una forza salutare e positiva, nel momento in cui però una persona non è in grado di sconfiggerla si ha la nevrosi. Qualora questa nevrosi si manifesti nella paura del pubblico i suoi sintomi variano da individuo a individuo: mani fredde, magari in piena estate, o al contrario bagnate come una spugna in inverno, inappetenza o la necessità di andare continuamente in bagno. Le cause di tal genere le possiamo dividere in tre grandi categorie: <u>mentali</u>, <u>fisiche</u>, <u>sociali</u>. Ad ognuna di esse ho dedicato un capitolo specifico.

Prima di continuare però, è importante chiarire in un modo più adeguato la differenza tra paura e ansia. All'inizio del capitolo abbiamo definito la paura come una reazione ad uno specifico pericolo, al contrario l'ansia la possiamo determinare come una sensazione d'impotenza di fronte ad un pericolo. Nel nostro caso il pericolo è rappresentato dal concorso o concerto solistico stessi. Il candidato-solista ha paura nell'affrontare la commissione-pubblico in quanto ha una sensazione di incertezza sulle sue abilità: suonerò sufficientemente bene o farò una figuraccia?

"L'ansia è l'apprensione che prende il via da una minaccia verso qualche valore che l'individuo ritiene essenziale per la sua esistenza come personalità".[1]

Per noi musicisti questa minaccia è il "successo", inteso anche solamente come riuscire a trovare un lavoro o eseguire bene un *"a solo"* in orchestra, attorno al quale ruota molto della nostra vita. Negli strumentisti ad arco, l'ansia da successo è persino più accentuata. I problemi tecnici come l'arco che trema nelle arcate lente, i salti verso le posizioni acute, le note doppie, l'intonazione, la mano sinistra che si blocca nei passaggi veloci, spesso li ritroviamo anche senza la presenza del pubblico. Questo il motivo per cui siamo nervosi ed irritabili nei giorni che precedono un esame o un'audizione. La paura di esporsi è insostenibile. Tali paure possono essere radicate anche in strumentisti di notevole valore tecnico e che non avrebbero alcuna ragione di avere paura. Essi hanno tuttavia un altro tipo di ansia che deriva da una paura inconscia: "Se non farò bene nessuno mi vorrà più bene", la quale risale alla prima infanzia, quando tutto ruota attorno all'essere amati. Citando Pavese, individueremo nell'infanzia, quale serbatoio d'impressioni che andrà a formare nell'adulto il profondo tessuto dell'anima, "i segni dell'orrore adulto".

---

[1] *The Meaning of Anxiety,* Rollo May, The Ronald Press Company, New York, 1930.

Quante volte ci è capitato di vedere espressioni annoiate sul volto del pubblico di un concerto di musica classica e magari abbiamo incontrato quelle stesse persone al termine di un'esecuzione memorabile con il viso pieno di gioia e di commozione. Cosa è successo? Semplicemente il solista ha "comunicato". Tutti noi ci chiediamo: come mai è così difficile comunicare con la musica classica? Il problema è che presi dalle difficoltà tecniche, audizioni, concorsi internazionali, l'aspetto positivo del fare musica – il desiderio di comunicare – ben presto lascia il posto alle varie paure: "La tal audizione mi andrà bene? Il tal solista mi prenderà come suo allievo?" e via di questo passo. Perché è difficile suonare in ambienti spaziosi? Non solo perché si deve aumentare il suono. Basta saper dominare il suono che è poi la propria voce. È il processo di trasmissione, di comunicazione che è difficile.

Fin dai tempi in cui uno è studente, l'importanza e la continua valutazione di se stesso sono gli elementi della sua carriera, le quali non fanno altro che impedirgli di prendere liberamente il volo. Il comunicare non può essere univoco, ci vuole anche la volontà del pubblico a ricevere. È interessante, per esempio, notare la differenza tra il pubblico che frequenta un teatro di prosa e quello di un auditorium. Il primo si reca a teatro con la voglia di divertirsi, può non piacere la rappresentazione o qualche attore ma, la cosa fondamentale è divertirsi. Il secondo spesso si dà arie da intellettuale e con la precisa volontà di criticare.

È vero che i grandi artisti sono pochi, musicisti come Leonidas Kavakos, Jacqueline du Pré o Gary Karr si nasce non si diventa, ma in ognuno di noi c'è un potenziale anche se in misura diversa. I blocchi, sia fisici sia psicologici, riducono gli impulsi artistici.

Nel 1910 usciva sul *Signale für musikalische Welt* un articolo molto interessante intitolato *Was Busoni vom Pianisten verlangt (Quello che Busoni richiede al pianista)*. Ecco un estratto: "... un grande pianista deve essere prima di tutto un forte tecnico; ma la tecnica, che dell'arte pianistica è solo una parte, non sta unicamente nelle dita e nei polsi, oppure nella forza e nella resistenza: la più grande tecnica risiede nel cervello, è fatta di geometria, valutazione delle distanze e disposizione sapiente. Ma anche con ciò siamo appena al principio, perché alla vera tecnica appartiene anche il tocco e soprattutto l'uso del pedale. Al grande artista occorre inoltre intelligenza fuori dal comune, cultura, vasta educazione in tutte le discipline musicali e letterarie, e nelle faccende della vita. L'artista deve anche avere un carattere. Se una di queste qualità manca, la lacuna si manifesta in ogni frase che egli esegue. Si sommino sentimento, temperamento, fantasia, poesia, e infine quel magnetismo personale che alle volte rende capaci di portare allo stesso stato d'animo quattromila persone estranee, riunite per caso. Inoltre si esige presenza di spirito, dominio delle proprie sensazioni in condizioni di ambiente irritanti, capacità di tener desta l'attenzione del pubblico, e finalmente il dimenticare il pubblico nei "momenti psicologici". Dovremo ancora aggiungere il senso della forma, dello stile, la virtù del buon gusto e dell'originalità? Come elencare tutto ciò che si può richiedere? Ma prima di tutto si tenga presente una qualità essenziale: Colui per la cui anima non è passata una vita non dominerà mai il linguaggio dell'arte". Questa è la vera figura del "pontefice", nel senso etimologico, il *pons* e il *facere*, la costruzione del ponte che unisce il compositore al pubblico. Ma non abbattiamoci prima del tempo, se prendiamo esempio dallo sport vediamo che anche i più grandi atleti di ogni disciplina non hanno tutte le qualità al massimo grado. È lo stesso Busoni a confortarci: "[…] Sebbene avessi avuto successo come virtuoso in Europa e in America ed avessi fatto tournée con grandi orchestre come la Boston Symphony Orchestra sapevo meglio di chiunque altro che nel mio modo di suonare v'erano certi particolari che non potevo permettermi di trascurare. Per esempio, sapevo che il mio modo di eseguire il trillo poteva essere migliorato di molto e sapevo pure che mancavo di forza e di resistenza in alcuni passaggi. [...] Per correggere i particolari che ho menzionato ed altri che non ho menzionato arrivai alla conclusione che dovevo escogitare un sistema tecnico interamente nuovo". Tranquillizzati? Penso proprio di sì.

Comunque, a proposito di questo, vi è mai capitato di vedere e ascoltare uno strumentista zigano, soprattutto violinista? Se sì, avrete di certo notato che di sicuro non soffre la paura del pubblico, riesce a suonare i passaggi più ardui in scioltezza e in qualsiasi situazione, ed avere un suono ricco di sfumature. Qual è il suo segreto? Primo: non deve essere migliore di altri colleghi per avere successo. Secondo: suona per il piacere proprio e degli ascoltatori.

È indubbio che noi non possiamo permetterci di non fare concorsi e esami. Dobbiamo soltanto cercare di apprendere da questi straordinari musicisti, il loro approccio alla musica cosicché noi possiamo almeno tentare di eliminare questa paura.

La prima cosa che ci salta all'occhio nel momento in cui vediamo uno di loro è l'estrema scioltezza con cui maneggia il suo strumento, egli non suona sullo strumento ma attraverso di esso. Spesso noi assumiamo posizioni scomode che ci portano ad una certa rigidità fisica, fatto talmente accettato che molti credono sia un male inevitabile. Un fattore base nel potere di comunicazione dello zigano è l'impulso ritmico, un impulso che coinvolge il corpo intero, non soltanto braccia e mani. Essi ne sono pieni, come lo sono i musicisti jazz o rock, in quanto la musica viene dall'intero essere di questi musicisti. Dato che la rigidità è una delle cause principali della paura del pubblico, dobbiamo raggiungere questa scambievolezza tra movimento ed equilibrio per eliminare la paura. È però importante riuscire a distinguere tra movimenti naturali e innaturali.

1.1 Esercizi per la respirazione

Questi esercizi sono concepiti per una respirazione profonda e non ansiosa, senza riguardo alle difficoltà tecniche della musica. Eseguite questi due esercizi, tratti dalla Sonata in Mi minore per violoncello di Brahms trascritta per contrabbasso, seguendo i respiri segnati. Un esecutore particolarmente ansioso adotterà una respirazione più frequente per il secondo estratto, più difficile tecnicamente.

A) Sbagliato: Due differenti respiri

Estratto 1

Estratto 2

B) Corretto: Stessi respiri per entrambi gli estratti

Estratto 1

Estratto 2

La caratterizzazione della frase musicale è data soprattutto dal ritmo. La musica occidentale ha soltanto tre specie di ritmo per iniziare una frase: *tetico* (in battere), *anacrusico* (in levare), *acefalo* (con una pausa in coincidenza col battere). Il gesto preparatorio dello strumentista comporta non soltanto il movimento più o meno enfatizzato delle braccia e delle mani, ma ci possono essere anche movimenti combinati di testa e/o busto.

Per ognuna delle tre specie di ritmo abbiamo bisogno di un diverso tipo di respirazione. Ecco alcuni consigli utili per uno strumentista ad arco. Affinché il pubblico capisca che una determinata frase ha un inizio tetico il musicista dovrà inspirare profondamente, trattenere il fiato ed espirare nel momento in cui inizierà a suonare. Differentemente per un ritmo anacrusico dovrà inspirare meno profondamente senza trattenere il respiro ed espirare più lentamente. Infine per quello acefalo la respirazione sarà più rapida.

Attenzione però che l'inizio dato dal gesto e dalla respirazione non è sufficiente, si deve continuare a respirare come se si cantasse o si suonasse uno strumento a fiato.

Ultimo consiglio: **Attenzione alle pause!** Le pause fanno parte della declamazione e pertanto vanno mimate. Chi, al contrario, si serve di loro per allentare la tensione dei muscoli diviene, in qualità di comunicatore, un candidato all'autoannullamento. Malipiero diceva che i suoni sono le pause del silenzio: la musica è fatta di suoni e di silenzi. Esistono due tipi di pausa: logica e psicologica. Esse hanno una diversa natura. La pausa logica sospende meccanicamente le battute e le frasi per aiutare a chiarirne il pensiero. La pausa psicologica invece dà vita al pensiero della battuta o della frase, e cerca di comunicare il sottotesto. Senza pausa logica si suona scorrettamente, senza pausa psicologica si suona senza vita. La pausa logica è al servizio dell'intelligenza, la pausa psicologica del sentimento.

Le varianti della gestualità declamatoria sono infinite e tra queste paradossalmente abbiamo l'immobilità con tensione. Se il gesto però, è solo in funzione dell'esecuzione il solista, per quanto bravo potrà essere, non avrà carisma, non riuscirà a catturare l'attenzione dell'uditorio. Se manca, da parte dell'interprete, un gesto preparatorio prima dell'attacco, la platea avrà difficoltà nel capire sin dall'inizio il ritmo. Bisogna pensare al gesto preparatorio del direttore d'orchestra e al fatto che un movimento contro la forza di gravità crea tensione nello spettatore, mentre il contrario crea distensione. Decidere per una scelta di gestualità, istintivamente o meno, secondo me significa aver cominciato già a vincere la partita. Al contrario chi non vuol rischiare la "stecca" ha già iniziato a perderla.

Una persona che si presenta di fronte al pubblico deve essere rappresentativa, deve essere "qualcosa". Anche qui, come in tutte le cose, c'è chi nasce e chi lo diventa, molto spesso uno lo diventa. Si costruisce un personaggio, un look, dall'abbigliamento, dal modo di atteggiarsi del capo, del busto e delle braccia, dell'incedere. L'entrata in scena stabilisce, con il linguaggio del corpo, il tipo di rapporto che il solista o il candidato intende avere con il pubblico-commissione (come vate ispirato, come un compagno di viaggio, oppure: "Sono felicissimo di essere qui assieme a voi", "non vedo l'ora di suonare", "vorrei essere da tutt'altra parte"). L'entrata in scena è quindi già l'inizio dello spettacolo. Il concertista deve riflettere sul fatto che dal momento che esce sulla ribalta è sotto osservazione e che ogni suo gesto provoca una reazione, positiva o negativa, nel pubblico.

2

Componenti fisiche

2.1 Esercizi

1. Stabilite una posizione di equilibrio senza il contrabbasso. Contando, mettetevi in un impulso ritmico che attraversi tutto il corpo. Contate ad alta voce accompagnandovi con la flessione delle ginocchia e col battito delle mani. Prendete per esempio un brano che dovete suonare ed esaminatelo con l'impulso ritmico e l'aiuto di un metronomo. Non abbiate paura di sentirvi stupidi.

2. Cantate il brano che dovrete poi suonare accompagnandovi sempre con l'impulso ritmico dell'esercizio precedente. Cantare senza il proprio strumento è la vera fonte interiore dei propri impulsi musicali. Ricordatevi che prima di tutto dobbiamo cercare di diventare musicisti e poi contrabbassisti, violoncellisti…

3. Alzate le braccia al di sopra della testa, poi lentamente portatele nella posizione per suonare il contrabbasso. Se alziamo le braccia da una posizione naturale, cioè dal basso, nella posizione per suonare, normalmente il movimento partirà dalle mani. Le mani quindi, solleveranno le braccia. Un movimento di tal genere però crea rigidità in quanto le braccia sono troppo pesanti per le mani e la posizione a

mezz'aria ben presto causerà stanchezza e una sensazione di pesantezza. Se al contrario proviamo a sollevare le braccia al di sopra della testa per poi farle scendere verso il basso nella posizione per suonare il contrabbasso, con il gomito piegato, ci accorgiamo di una sensazione di rilassatezza, senza peso. Questo in quanto il movimento è controllato dalla parte superiore delle braccia. Infine, prestate attenzione anche alla posizione della testa che deve essere in una posizione naturale, né alzata né abbassata.

2.2 Paura dell'arco tremolante

Tutti noi ci affidiamo all'istinto per compiere gesti quotidiani come camminare, scrivere, andare in bicicletta ecc. Tali movimenti hanno origine dal centro del nostro corpo per mezzo di impulsi che vanno dall'interno verso l'esterno. Capire che nel suonare uno strumento ad arco, il contrabbasso in particolare, l'impulso ritmico deve essere diretto dall'interno verso l'esterno non solo aiuta ad eliminare la paura del pubblico in generale, ma nello specifico ad eliminare la paura che l'arco possa tremare. Questi impulsi ritmici non solo ci aiutano ad avere gesti coordinati che sono necessari al suonare, ma anche a trasmettere tutte le energie del nostro corpo attraverso il braccio, l'arco e per ultimo lo strumento all'ascoltatore, a stabilire quindi una comunicazione. Perché tutto questo possa accadere non vi devono essere, ovviamente, nessun tipo di blocchi come ad esempio polso e/o gomito rigidi.

La mano destra è di aiuto all'espressività della sinistra, quindi è importante imparare fin dall'inizio dei propri studi a cercare un bel suono con l'arco. Penso possa essere vantaggioso iniziare con un'impostazione barocca in quanto toglie le scomodità che uno sente in principio, soprattutto se è un bambino. In questa posizione la mano dà un peso equilibrato per tutta la lunghezza dell'arco favorendo inoltre la fluidità del movimento del braccio e dando un respiro particolare sia nell'arcata in giù sia in quella in su. Successivamente, quando l'allievo avrà assimilato la posizione, potrà passare all'impostazione moderna mantenendo così la qualità del suono e la continuità dell'arcata. Anche i professionisti dovrebbero ogni tanto suonare con l'impostazione barocca come promemoria per il suono e per le sensazioni del braccio e della mano.

La posizione del pollice nell'arco, è uno dei problemi più diffusi. Ognuno di noi ha una struttura della mano completamente differente, chi ha il pollice corto, chi lungo o falangi deboli o rigide. Un sistema per risolvere i problemi del pollice può essere quello di posizionarlo al di sotto del tallone. Questo come esperimento. Tuttavia tale posizione, che era utilizzata nel XVIII secolo, può ancora esserci utile per capire i rapporti tra il pollice e le altre dita aiutandoci a correggerne i difetti. Per controllare che la posizione del pollice sia corretta provate a sostenere l'archetto soltanto con i pollici come è mostrato in foto 1.

Foto 1.

2.3 L'arco è la tua voce.

Pensiamo di usare il braccio destro per creare un suono come lo strumentista a fiato usa i polmoni, le dita e il polso come fossero la lingua e le labbra. Avvertendo una sensazione fisica di flusso d'aria attraverso il braccio avrete anche una sensazione di completa libertà. Qualsiasi quantità d'arco voi andrete ad usare il suono comunque dovrà essere libero.

Non si deve essere pigri e adottare l'arcata più comoda (ad esempio attaccare sempre in giù al tallone, tipico del contrabbassista), dobbiamo piuttosto sviluppare la possibilità di ottenere lo stesso effetto in altri modi. Le due direzioni dell'arco se opportunamente sviluppate possono ottenere lo stesso risultato, il modo di produrlo è diverso. Avere il controllo dell'arco ci dà la possibilità di scelta in base alle esigenze musicali, evitando di giudicare la "correttezza" di un'arcata in base al nostro livello di abitudine. Quando un'abitudine si è talmente radicata anche le arcate più semplici ci sembrano scomode. Se usiamo l'arco in modo espressivo con il braccio destro rilassato, difficilmente proveremo quella sensazione di "arcata sbagliata".

Trovo molto difficile che un contrabbassista abbia una varietà di legato. Abbiamo una concezione piuttosto limitata di questo termine, in genere suoniamo il legato con arco molto omogeneo o con un'articolazione un po' manierata che diventa monotona. Se ascoltiamo i grandi pianisti ci accorgiamo che hanno diversi tipi di articolazione all'interno del legato. Noi possiamo creare un maggior numero di sfumature di legato, perché accontentarci di tirare l'arco sulle corde? Il compito di uno studente è quello di studiare i vari colpi d'arco, ma questa è soltanto la base. L'uso dell'arco è un campo infinitamente variabile, alla fine è la musica che ci stimola a cercare nuovi mezzi tecnici cioè i colpi d'arco che non si trovano nei libri. Gli sterili esercizi di tecnica non ci possono comunicare quelle sensazioni fisiche legate ad uno stato d'animo, soltanto la musica può farlo.

Il gesto nei colpi d'arco è lo specchio dell'intento spirituale. È il nostro cuore a guidare l'azione dell'arco, questa è l'arte di essere espressivi con la mano destra.

Non dimentichiamoci mai dell'importanza della "respirazione" anche per noi strumentisti ad arco: fermare l'arco, riprenderlo, separare le note e le frasi come si fa quando si respira o si parla. La capacità della mano destra di creare l'articolazione, il senso di tensione o di rilassamento, sono stabiliti dall'uso dell'indice sulla bacchetta. È, infatti, l'indice a determinare il grado di aderenza dell'arco nel punto di incontro con la corda, dove avviene la combinazione tra la pressione verso il basso e il movimento orizzontale. Anche le altre dita sono importanti per variare la pressione, ma lo fanno sempre in relazione all'indice. Per provare l'importanza dell'indice attacchiamo al tallone e tirando l'arco verso la punta solleviamo le dita una ad una. A questo punto risulterà chiaro il ruolo di ogni dito e quanta tenuta di suono si può avere solo con l'indice. L'indice sulla bacchetta è il mezzo più importante di trasmissione del peso dal braccio all'arco. Insisto nel dire questo in quanto molti per cercare più suono non fanno altro che stringere l'arco fra le dita. Quattro dita rigide sulla bacchetta non fanno altro che fermare il suono, il grande suono viene dal comando dell'indice sulle altre dita che lavorano secondo i propri ruoli e in relazione ad esso.

Il suono nel contrabbasso non deve essere soltanto forte o piano, abbiamo a disposizione un'ampia gamma di colori e articolazioni. Evitiamo di suonare con l'arco sempre nello stesso punto, cerchiamo punti diversi per scoprire un altro colore o una tensione diversa del suono. Facciamo vivere tutte le emozioni dal parlare sottovoce al gridare in preda alla collera, non si può dire tutto con lo stesso tono di voce.

2.4 Funzionamento acustico dell'archetto

Per comprendere l'azione dell'archetto sulla corda vorrei ricordare le forme della forza d'attrito. Immaginiamo un'asse poco inclinata sopra la quale sistemiamo una sfera. La sfera, a causa del valore bassissimo dell'*attrito evolvente*, rotola giù lungo il piano. Se sul piano poniamo un cubo, esso non si muove, perché l'*attrito statico* lo tiene in posizione e si oppone al moto. Se tuttavia aumentiamo l'inclinazione del piano, ad un certo momento il cubo comincerà a scivolare. In quel momento l'attrito statico cede il posto all'*attrito radente*, che è minore di quello statico. L'equilibrio delle forze opposte (la componente della forza di gravità e la forza frenante dell'attrito) è tale che il corpo scende a *velocità costante*.

In sintesi:

- Attrito evolvente: resistenza che si oppone al moto di un corpo che rotola sopra un altro.
- Attrito statico: forza che si oppone allo spostamento reciproco di due corpi in contatto.
- Attrito radente: resistenza che si manifesta quando un corpo slitta su di un altro.

Il crine teso dell'archetto passa sopra la corda. L'attrito è considerevole perché il crine viene strofinato con la pece e quindi la corda rimane attaccata al crine in movimento e si sposta assieme ad esso. Supponiamo che il moto avvenga verso destra e sia uniforme.

La corda, tesa già in partenza, con lo spostamento dato dall'archetto si tende di più. Ad un certo momento la forza di richiamo supera l'attrito statico, la corda non può più seguire l'arco e si arresta, mentre il crine continua la sua corsa. Subentra così l'attrito radente, minore di quello statico, e la corda può cambiare direzione e ritornare verso la posizione di riposo. Facendo così essa resta comunque in contatto con il crine e quindi il suo moto è controllato dall'attrito radente: il moto ha velocità costante.

Per inerzia la corda oltrepassa la posizione di riposo e oscilla dalla parte opposta, verso sinistra. Anche da questa parte l'elasticità della corda pone un limite all'elongazione (distanza angolare o lineare di un punto –di un corpo ecc.- da una posizione di riferimento –iniziale, di equilibrio, ecc.-) e quando la corda riprende il moto verso destra, arriva l'istante in cui la sua velocità coincide con quella dell'arco, e il crine, a causa dell'attrito statico maggiore, fa nuovamente presa su di essa e la trascina ancora una volta verso destra. Il tutto ricomincia da capo e il moto diventa periodico. Si noti ancora che la corda si muove praticamente con velocità costante nelle due direzioni. Nella direzione del moto dell'arco perché l'arco si sposta a velocità costante e il moto della corda è determinato dall'attrito statico sul crine e così assume la sua stessa velocità; in direzione opposta al moto dell'arco perché regolata dall'attrito radente. Poiché quest'attrito è minore di quello statico, la corda ritorna con una velocità maggiore rispetto all'andata. Il cambiamento di direzione del moto è quasi istantaneo.

L'asimmetria del moto della corda ha per conseguenza un contenuto di parziali estremamente ricco, fino a ordini elevatissimi. Per questa ragione la qualità del suono dipende soprattutto dalla selettività con la quale la cassa armonica amplifica le componenti armoniche.

Il moto dell'arco è dunque relativamente lento e la constatazione della presenza di due velocità ha una certa importanza pratica. Si ricordi che nel violino e nella viola la mano destra del suonatore, che conduce l'arco, si trova dalla parte della corda più acuta, quindi dalla parte ove è situata l'anima, opposta alla catena. Nel violoncello e nel contrabbasso, al contrario, la mano destra si trova dalla parte della corda più bassa e della catena. Il piedino del ponticello che trasmette le vibrazioni alla catena si trova, nel violino e nella viola, a sinistra del suonatore, perciò tirando l'arco (attaccando col tallone) la fase del moto più veloce avviene nella direzione della catena, alla quale viene così impressa maggiore energia: il suono (a parità di altre condizioni, come la velocità dell'arco e la sua pressione sulle corde) risulta più forte del suono prodotto attaccando con la punta dell'arco. Nel violoncello e nel contrabbasso succede il contrario. Poiché la catena si trova dalla parte ove è situata la mano destra, per ottenere che la fase di moto più carica di energia avvenga in direzione della catena, bisogna spingere l'arco (attaccando con la punta).

Esercizio

- Mettetevi in una posizione di equilibrio senza strumento e arco. Alzate le braccia sopra la testa, fatele scendere nella posizione per suonare stabilendo una sensazione senza peso in entrambe le braccia. Ora prendete lo strumento, alzate il braccio destro con l'arco in mano sopra la testa, piegate gomito e polso mentre abbassate il braccio, appoggiandovi quindi sulla corda RE al tallone. Prendete coscienza che la corda sostiene l'arco e che l'arco è appoggiato sopra la corda. Lentamente togliete tutte le dita dalla bacchetta, meno il pollice e l'indice, rendetevi consapevoli dell'equilibrio del pollice. Questo esercizio va fatto ad arco fermo dapprima al tallone, poi a metà arco ed infine alla punta.

Ora, dopo aver tolto tensione alle dita, il nostro prossimo step è quello di eliminare la rigidità nelle articolazioni di gomito e polso. Per fare ciò si deve assimilare il fatto che la distribuzione del peso e la divisione ritmica del braccio e dell'arco sono l'espressione diretta degli impulsi ritmici che vanno dall'interno verso l'esterno. Partiamo dal fatto che sia l'arco che il braccio sono divisi in due metà. Il primo in metà superiore e metà inferiore, il secondo in braccio e avambraccio. È da notare che entrambe queste divisioni sono date dall'equilibrio dei loro pesi. Per trovare nell'arco la metà secondo l'equilibrio basta appoggiare la bacchetta sull'indice. Trovate il centro bilanciandolo sul dito. Noterete che la metà inferiore è più pesante e quindi più corta della metà superiore. Adesso osservate il vostro braccio piegato, come vedete la parte superiore è più corta e pesante di quella inferiore, l'avambraccio.

Esercizi

1. Braccio destro sopra la testa (senza arco). Abbassatelo come se doveste suonare al tallone, polso e gomito piegati, sempre con la sensazione di assenza di peso. Fate dondolare il braccio (parte superiore) avanti e indietro. Il movimento laterale deve partire dall'incavo della spalla. Tale movimento naturalmente viene dall'interno verso l'esterno; il polso e il gomito devono rimanere piegati.

2. Stesso esercizio ma con l'arco in mano. Appoggiate l'arco sulle corde con il gomito ed il polso piegati in modo naturale. Eseguite delle crome alla metà inferiore, vi accorgerete come la parte superiore del braccio faccia da contrappeso al peso dell'arco e che questo dondolio laterale della parte superiore equivalga alla lunghezza della metà inferiore dell'arco secondo l'equilibrio, come abbiamo detto innanzi. Agendo in questo modo né beneficerà il suono che sarà più definito e ritmico.

Per eseguire le crome nell'arcata superiore si dovrà iniziare alla metà dell'arco, sempre secondo il principio di equilibrio. Al contrario della precedente, questa arcata dipende esclusivamente dal movimento del gomito. Spesso ho incontrato colleghi, sia studenti che già affermati professionisti, che risentono di rigidità a questa articolazione in modo tale da compromettere la loro prestazione. Una causa può essere una rigidità nella presa dell'arco. In effetti, se distendiamo il braccio davanti a noi e poi stringiamo forte le dita della mano, come se avessimo in mano un oggetto, noteremo che l'articolazione del gomito diventa immediatamente più rigida. Eliminando la tensione nelle dita anche l'articolazione non avrà più rigidità. A mio parere, un simile problema può derivare altresì dal fatto di comandare le arcate con le dita e il polso.

2.5 Sono intonato?

Come ti è sembrato quel passo, ero intonato? È una domanda che ho sentito spesso formulare anche da valenti strumentisti e che non nascondo di avere fatto io stesso. La paura di essere stonati è connessa alla produzione del suono e al vibrato, in altre parole alla qualità del nostro suono. È difficile capire che la produzione del suono e intonazione sono la stessa cosa. È ampiamente riconosciuta l'importanza della giusta pressione delle dita della mano sinistra nella produzione di un suono di qualità: troppa pressione che causa a sua volta rigidità, vibrato irregolare, cambi di posizione insicuri e/o falsa intonazione sono tutti difetti che pregiudicano il suono. Una corretta pressione che lasci una quantità d'aria sufficiente tra il dito e la corda, tra la corda e la tastiera permetterà alle dita di una mano rilassata di reagire immediatamente alle indicazioni inviate dall'orecchio e di aggiustare quindi la nota stonata nel più breve tempo possibile. In più avremo un buon vibrato che sarà maggiormente espressivo e ci aiuterà anche con l'intonazione. Una corretta circolazione d'aria non è cosa da poco, infatti, essa è alla base della trasmissione del suono con i propri armonici. Se abbiamo una difficoltà fisica ad aggiustare l'altezza delle note anche l'orecchio alla fine non invierà più gli impulsi correttivi e si abituerà ad un'intonazione approssimativa. L'educazione dell'orecchio deve essere uno studio giornaliero per tutti anche per chi ha l'orecchio assoluto, non ci dobbiamo mai accontentare della nostra coscienza dell'intonazione e della rapidità nell'aggiustamento.

Un difetto della mano sinistra rigida è spesso dato dalla contrazione del pollice il quale preme contro il manico. Questa è un'abitudine che prendiamo all'inizio e diventa talmente radicata che spesso non ce ne rendiamo conto. Avere un pollice mobile (il pollice ha un'articolazione differente dalle altre dita e gode di maggior libertà di movimento), cioè che si possa contrapporre alle varie dita (non soltanto al 1°, al 2° o 3° secondo la scuola, ma anche al 4°) ci aiuterà nell'espressività trovando un colore e un vibrato particolare soprattutto nei cantabili.

2.6 La mano sinistra.
Paura dei cambi di posizione, delle posizioni acute e del mignolo debole

Queste paure sono la sintesi di tutte quelle appena discusse, sono un'epitome di tutte le paure. Analizziamone i motivi. Per prima cosa, più avanziamo sulla tastiera per raggiungere note acute, più la distanza delle corde dalla tastiera e tra una corda e l'altra aumenta. Quindi una tendenza a premere troppo con le dita. Secondo, una posizione differente da quella usata "sul manico" detta "del capotasto". Tale posizione può risultare disagevole e creare ansia soprattutto per i contrabbassisti che suonano in piedi, con una sensazione, particolarmente nei primi anni di studio, di instabilità del contrabbasso, come se volesse sfuggirci. Altra difficoltà che si aggiunge è nel cambio da una posizione all'altra, a volte amplificata dalla forma del nostro strumento. Infatti, le spalle alte diventano a volte un ostacolo insormontabile. Oggigiorno sempre più contrabbassisti suonano il loro strumento seduti, con una posizione simile a quella del violoncello. Questo sicuramente aiuta nella rilassatezza della mano sinistra, nel cambio da posizione di capotasto a quella sul manico e viceversa, in un vibrato più fluido e controllato, e in ultimo di controllo dell'equilibrio dello strumento. Tutti questi vantaggi si possono comunque raggiungere anche con la posizione in piedi, soltanto ci vorrà più studio in quanto è meno immediata.

Credo che il più grande limite alla libertà della mano sinistra e di conseguenza alla musica, sia una posizione fissa della mano sinistra. Tale posizione influisce negativamente anche sull'intonazione e sul vibrato. L'intonazione è nella nostra mente e non nel riferimento a un dito che già preme la corda sulla tastiera. Soltanto una mano rilassata, quindi elastica, può essere lo strumento dell'orecchio. Dobbiamo poi distinguere la cosiddetta intonazione di base dalla buona intonazione o "fine-tuning" come la chiamano gli anglosassoni. La prima è una divisione dell'ottava in dodici parti uguali mentre con la seconda il numero delle altezze sono molte di più e sono basate unicamente sulla sensazione uditiva. Sin dall'inizio ci hanno insegnato che le note su una corda sono distribuite in modo abbastanza regolare e quindi tendiamo a spostare le dita sempre negli stessi punti. Questo però va bene come inizio, infatti, è un'intonazione soltanto di base, se vogliamo mediocre, ma inaccettabile da un punto di vista musicale (ancor più inaccettabili sono i pallini fatti sulla tastiera con il pennarello). Per di più gli strumenti da tasto non sono accordati seguendo la metodologia utilizzata dagli strumenti ad arco, ovvero basandosi sulle quinte pure, ma sul Temperamento. L'accordatore utilizza il Circolo delle Quinte per accordare il pianoforte. Se egli applicasse al circolo il sistema pitagorico, quello utilizzato da noi archi, al termine del circolo si ritroverebbe il Do di arrivo nettamente crescente rispetto al Do di partenza. Questa parte in eccesso viene chiamata "comma pitagorico". Egli deve quindi intervenire sugli intervalli per ottenere delle ottave pure utilizzando la pratica del temperamento. Detto questo vi consiglio, qualora doveste preparare un brano con accompagnamento di pianoforte, di prestare molta attenzione all'intonazione armonica: terze, seste, seconde e settime maggiori dell'armonia dovrebbero essere intonate leggermente più basse e le equivalenti minori leggermente più crescenti. Mi raccomando però di provare sempre con l'armonia del pianoforte per capire quanto una nota può essere crescente o calante. La guida dell'intonazione per il musicista deve essere assolutamente l'orecchio e non l'occhio il quale, per fare un esempio, è la guida per un pittore o uno scultore. Una mano completamente rilassata può reagire prontamente alle indicazioni suggerite dall'orecchio.

Di seguito propongo un esercizio per il rilassamento del pollice nel passaggio di posizione dal "manico" al "capotasto".

Esercizio

Eseguite questo esercizio dapprima con la mano sinistra poi, raggiunta una certa sicurezza, aggiungete anche la destra.

1. Mettete la mano sinistra in quinta posizione (1°dito sul Mi sulla corda Sol). Controllate la posizione della mano, accertandovi che ogni articolazione delle dita sia curvata e che la mano sia rilassata.

2. Fate girare il pollice sinistro in modo che lasci il manico e si vada a posizionare sulla tastiera. Ritornate alla posizione iniziale (pollice dietro il manico). Fate tutto questo molto lentamente applicando un ritmo di due pulsazioni.

3. Ora, dal 4°dito (fa#) scivolate con il capotasto (pollice) sul sol mantenendo sempre l'impulso di due.

4. Ripetete l'esercizio su tutte le corde.
5. Acquisita una certa sicurezza provatelo con l'arco.

Per rimuovere tali paure, è fondamentale che l'esecutore abbia nelle posizioni acute la stessa dimestichezza che ha con le posizioni sul manico. Spesso capita, anche a eccellenti strumentisti, i quali conoscono perfettamente le posizioni, di sentire il bisogno di provare la nota prima di suonarla. Non penso sia una cosa buona. Credo al contrario sia di basilare importanza imparare a trovare qualsiasi nota a caso, con qualsivoglia dito e in qualunque posizione. Come studio è meglio iniziare con note che hanno come riferimento una corda vuota, ad esempio il Re con il quarto dito in prima corda. Per prima cosa si deve pensare che questo Re è in terza posizione, poi controllarlo con la corda vuota. Ripetete la stessa nota con differenti dita. Ripetete lo stesso esercizio con il Re un'ottava superiore. Ora passate al La in seconda corda in posizioni diverse con differenti dita, ecc. Nel momento in cui avrete raggiunto una certa sicurezza con le note che hanno un'equivalente corda vuota potrete passare alle altre. Un esercizio di tal genere è importantissimo per eliminare l'ansia delle posizioni acute e di conseguenza la paura del pubblico. Potete altresì, con un poco di fantasia, inventarvi dei veri e propri mini studi come le due miniature da me composte (es. 4 e 5).
Un altro problema è che spesso l'esecutore tende a fare maggior affidamento sugli occhi a discapito delle orecchie. Spesso questo diventa un problema talmente dannoso per la percezione uditiva che la persona risulta incapace a suonare ad occhi chiusi, talmente è abituato a fidarsi di quel che vede da non essere in grado di fidarsi di quel che sente. Soprattutto di non utilizzare la facoltà di anticipazione dell'orecchio interiore. Quando sono le orecchie a guidare, i cambi di posizione sono più accurati e migliora complessivamente anche il modo di suonare.

Raccomando con forza la pratica quotidiana dei seguenti esercizi.

Esercizi

Eseguite i seguenti cambi di posizione, ascendenti e discendenti, in tutte le tonalità, prima con gli occhi aperti e poi chiusi. Se è necessario usate una benda.

Nel primo esercizio abbiamo una scala di Do maggiore con un dito, eseguitela preferibilmente su tre ottave. Suonate la prima nota della scala e nella pausa cantate la nota successiva.

Es. 1

Es. 2

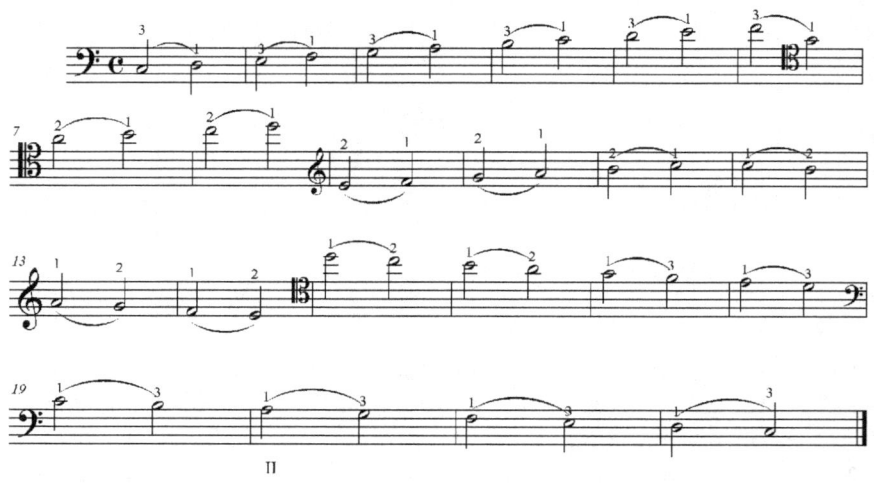

Es. 3

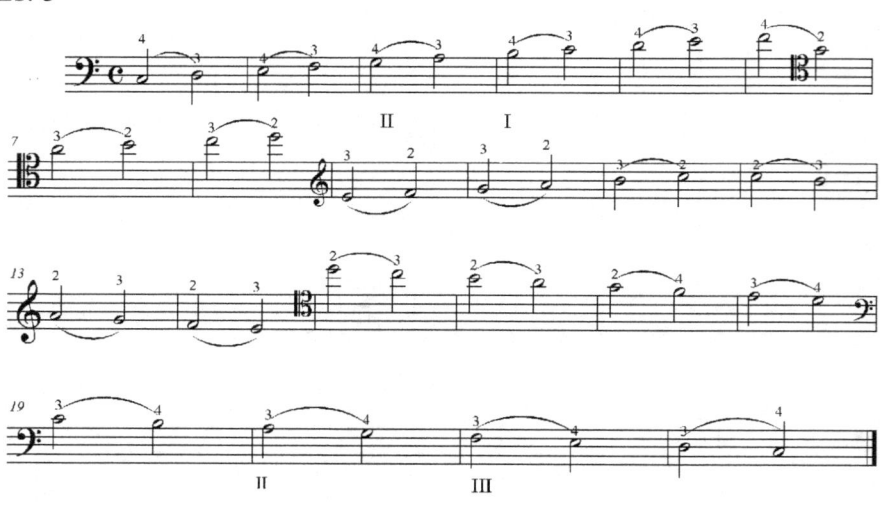

Es. 4

Miniatura n.3

P. Cocchi

D

49

Es. 5

Miniatura n.4

A

P.Cocchi

Affrontiamo ora la paura del mignolo debole. Molti contrabbassisti hanno la fissazione che il loro mignolo sia troppo debole e di conseguenza li limiti nella loro capacità tecnica. Questo però nasce da un approccio sbagliato a quello che io ritengo sia spesso un falso problema. Infatti questa supposta limitazione spesso deriva da un'errata misurazione della forza delle dita. Se noi ci basiamo sulla forza massima di ogni dito risulta evidente che il mignolo è il più debole rispetto alle altre dita. Ma è necessaria tutta la forza che possono avere il primo e il secondo dito? Oppure, la forza che ha il quarto dito è sufficiente a svolgere il proprio compito? Spesso ci fissiamo soltanto sul lato fisico perdendo di vista il fatto più importante, vale a dire il risultato finale che l'azione fisica vuole ottenere. È l'utilizzo dell'articolazione a martelletto, con il suo uso indistinto dei pesi e delle forze diverse per ogni dito, ad essere errata negli strumenti ad arco e a portare al falso problema del mignolo debole. Mentre un pianista deve essere in grado, per ogni nota, di avere un attacco uguale e il medesimo suono, negli strumenti ad arco il suono non è prodotto dalla mano sinistra bensì dall'arco. Dirò di più, un'articolazione molto forte, potente, sarà alquanto deleteria per la qualità del suono. Imparando altresì a sfruttare con intelligenza i diversi pesi e forze delle singole dita ne trarremo un grosso vantaggio per la nostra espressività.

Anche il pollice deve essere sempre rilassato e usare diverse pressioni spostandosi lievemente per contrapporsi al dito che sta suonando.

2.7 Il ritmo

Prestiamo attenzione ai passaggi veloci, spesso la nostra mente ci trae in inganno pensando una velocità differente da quella reale. Il risultato sarà quello di dare l'impressione di essere "inseguiti". Generalmente i valori brevi hanno più tempo di quanto siamo portati a pensare. Non necessariamente un tempo veloce deve dare la sensazione di ansia, può dare anche quella di rilassamento. In un passaggio veloce dobbiamo imparare a pensare con calma, non dobbiamo disinteressarci del presente per buttarci anticipatamente nel futuro.

Allorché ascoltiamo i grandi esecutori ci accorgiamo che essi danno l'impressione di suonare liberamente senza tuttavia essere imprecisi ritmicamente. Il cuore è legato al cervello, il sentimento alla ragione. È fondamentale per un contrabbassista sviluppare la sensibilità ritmica per la funzione di sostegno che svolge all'interno di un qualsiasi gruppo. Anche la meccanicità è negativa, però ancora peggio è suonare con iniziative personali nel ritmo. Pure i sostenitori della "libertà" come sinonimo di "musicalità" cadono nell'errore, confondendola con una musicalità nulla o tutto al più ignorante.

Spesso il ritmo è un punto debole per noi strumentisti ad arco.

Anche il silenzio è ritmo. La pausa è una forma di tensione come la pausa psicologica dell'inizio, della nascita di un brano. Anche il ritmo è quindi una struttura emotiva.

Per una maggior comprensione ho pensato di inserire alla fine di questo paragrafo alcuni passaggi e loro variazioni come esempi. Mi raccomando di fare sempre molta attenzione all'uguaglianza ritmica servendosi, nello studio quotidiano, del metronomo. Facilmente, infatti, si può perdere il senso del ritmo e non c'è situazione migliore per accelerare che quella in cui vi sono note col punto. Per ovviare a questo problema ritengo sia sempre preferibile che il punto sia tenuto troppo piuttosto che troppo poco. Purché non si esageri nel tenere il punto! Es.: 1a; 2a; 2b; 3; 4a; 4b; 5a; 5b; 5c.

Attenzione a non scappare anche quando abbiamo note di diverso valore nella stessa arcata. Es.: 1b; 1c; 6; 7a; 7b; 8; 9.

2.8 Il timbro

Un suono è composto da una serie di suoni simultanei. Costituisce cioè un accordo. Gli armonici di un suono fondamentale sol[1] sono:

$$sol^2 - re^2 - sol^3 - si^3 - re^3 - fa^3 - sol - la - si - do - re \text{ ecc.}$$

In questa serie di suoni il sol è quello che ha più forza in quanto è maggiormente presente e risuona come fondamentale. Dopo il sol il suono che ha più forza è il re che si presenta per primo e più spesso dei restanti armonici. Se pensiamo a questo re^2 a sua volta come suono reale anch'esso ha degli armonici che sono:

$$re^3 - la - re - fa\# - la \text{ ecc.}$$

Tenendo presente che il presupposto di questo re^2, con i relativi armonici, è il sol, entrano così in azione anche gli armonici dell'armonico. Quindi: il suono reale re^2 risulta dipendente dal sol[1] che è una quinta sotto. Questo significa che il sol[1] è dipendente a sua volta dal do una quinta sotto.
Prendendo il do[1] come suono centrale, la sua situazione è rappresentata da due forze, la prima tende verso il basso (fa) la seconda verso l'alto (sol[1]): re[1]

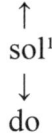

$$\uparrow$$
$$sol^1$$
$$\downarrow$$
$$do$$

Questi tre suoni sono affini, cioè stanno tra loro in un rapporto vicinissimo. Il re è il primo armonico (dopo l'ottava) del sol, il sol è il primo di do; questo armonico (dopo l'ottava) è il più simile alla fondamentale, cioè contribuisce più degli altri alla caratteristica del suono.

Ritenendo che gli armonici del re possono essere realizzati in sé stessi, si può applicarli anche al do, dal momento che il do sta al sol[1] come il sol[1] sta al re[1]. Si spiega così come la serie di suoni che ne risulta sia alla fine composta dagli elementi costitutivi essenziali di un suono fondamentale e dei suoni a lui più direttamente affini, i quali ne fanno un punto fisso, mantenendolo in equilibrio con le loro forze operanti in direzioni opposte.

2.9 La tecnica – Come studiare

Prendiamo il vocabolario Treccani e leggiamo la definizione della parola tecnica: "Insieme delle norme su cui è fondata la pratica di un'arte. Con significato limitativo, pura abilità operativa, spesso contrapposta a arte: *ridurre l'arte, la ricerca a pura tecnica*".

Con la tecnica noi impariamo come disporre al meglio dei nostri mezzi fisici al fine di potercene servire per l'esecuzione di un brano di musica. Risulta quindi chiaro che essa non può essere fine a se stessa ma deve asservire alla musica. Quando mi capita di sentire giovani studenti, o anche maturi professionisti, dire che dedicano alcune ore della loro giornata allo studio della tecnica mi vengono i brividi. Sono solo degli esaltati con un concetto assai limitato di tecnica. Noi possiamo solo acquisire le basi attraverso gli esercizi, la vera tecnica è infinita e la troviamo nella musica dei grandi compositori ed è attraverso di essa che noi possiamo crescere. Molti studenti si disperano perché per alcuni giorni non hanno studiato la tecnica perché hanno dovuto studiare magari un concerto. In realtà in un concerto o in una sonata troviamo tanti mini studi da portarci ad una forma più "alta" di tecnica.

Naturalmente tutti noi abbiamo bisogno di una dose giornaliera di tecnica, ma quello che vorrei che fosse chiaro è che dobbiamo avere una visione musicale anche quando studiamo le scale e gli arpeggi o nel momento in cui studiamo un brano lentamente dobbiamo rendere un'esecuzione rallentata del brano. Dobbiamo raggiungere quella unità tra noi, lo strumento e la musica. Non ci deve essere una lotta contro lo strumento e contro la musica. Anche se esiste più di un modo "corretto" di eseguire un determinato brano nel rispetto del compositore, il difficile da raggiungere, ancor di più per noi contrabbassisti, è un'unità di fondo.

Perché questo accanimento nello studio della tecnica anche da parte di valenti strumentisti? Per una ricerca di sicurezza. Questo è il primo motivo. Il problema è che si sta cercando un tipo di sicurezza che non esiste per noi umani. Il secondo motivo è il raggiungimento di una velocità e potenza sonora fine a se stessa che niente ha a che vedere con la musica e sembra piuttosto una gara olimpionica.

Una cosa tra le più importanti che limita la tecnica è l'abitudine. Spesso sento colleghi che chiedono di cambiare un'arcata a favore di un'altra che ritengono più "comoda". Essi non si rendono conto che attraverso l'abitudine, sia fisica sia mentale, limitano il campo e che la sensazione di comodità o scomodità può essere falsa. Spesso quella sensazione di comodità è una rovina per la musica, infatti, con un'arcata possiamo dare vita o annientare la struttura di una frase. Dirò di più, un'arcata essenzialmente scomoda può trasformarsi in un'arcata comoda dopo lunga pratica e esclusione di ogni altra possibilità. Se ad esempio per una determinata figura ritmica ci abituiamo ad un solo colpo d'arco, tutte le altre varianti possibili ci sembreranno scomode. Badate bene non voglio criminalizzare l'abitudine, voglio solo dire che dobbiamo avere un vasto repertorio di abitudini, una grande tavolozza di colori, in modo da poter affrontare vari tipi di espressività musicali. Non voglio nemmeno dire che per una data frase esista una sola arcata "giusta", ma a determinare un'arcata sarà sempre la struttura della frase. Quello che ho appena detto per le arcate vale anche per le diteggiature. La comodità non è solo un limite per la tecnica ma lo è anche per l'orecchio. Non capiremo mai fino in fondo un passaggio musicale se siamo abituati a suonarlo in un solo modo, oltretutto faremo perdere così all'orecchio la possibilità di giudizio. Questo avviene perché quasi sempre iniziamo lo studio di un brano direttamente con lo strumento, decidiamo le arcate e diteggiature senza pensare al carattere della frase, all'emozione che la musica vuol comunicare.

Un ulteriore modo di studiare, che ritengo sia molto proficuo, è quello di dividere i passi difficili in frammenti e di eseguirli dapprima molto lentamente e poi velocemente, sia piano sia forte, alternando i due modi ed unendo progressivamente i vari frammenti.

Vorrei parlare ora di una particolare tecnica chiamata semplicemente "trucco" e che consiste unicamente nell'omettere o nel cambiare una nota. Non scandalizzatevi e non pensate che io sia improvvisamente impazzito. Tale tecnica esiste realmente ed è entrata nella pratica concertistica anche di famosi pianisti alla fine dell'Ottocento. Tuttavia se vi ostinate ancora a non credere, affidiamoci nuovamente all'autorità di Busoni che nella prefazione alla sua revisione della *Fantasia sul "Don Giovanni"* di Listz ci fornisce un'interessante definizione di tecnica: "[...] il raggiungimento di una tecnica non è altro che l'adattamento d'una difficoltà data alle proprie capacità". Infatti, nella prima battuta della *Fantasia* Busoni toglie dall'originale di Listz una nota nella mano sinistra che rende molto difficile l'esecuzione del trillo.

Tutti noi siamo a conoscenza del fatto che un brano di musica non è omogeneo dal punto di vista delle difficoltà. Ci possono essere intere frasi o singole battute che ci rendono la vita molto difficile. È in questi punti che noi interveniamo utilizzando vari accorgimenti come l'utilizzo del metronomo, dapprima lento poi progressivamente aumentando la velocità, o lo studio con ritmi diversi. Ma non sempre funzionano, come l'aumento progressivo della velocità, a volte utilissimo altre totalmente inefficace. A chi non è mai capitato di studiare un passo iniziando con un metronomo diciamo di 60 e di finire a 96, riprendere il giorno dopo a 80 e così via finché non si raggiunge il fatidico 120. In principio sembra che tutto fili alla perfezione, poi inaspettatamente il passo comincia a regredire, iniziano gli errori, la stanchezza fa la sua comparsa ecc. Cosa è successo? Semplicemente questo: abbiamo mantenuto nell'esecuzione un tipo di articolazione non compatibile con la velocità voluta. Facendo una metafora potrei dire che abbiamo tentato di risolvere con la marcia ciò che si risolve unicamente con la corsa, o di trottare oltre il limite di velocità del trotto invece di passare al galoppo. A mio avviso, in questi casi è utile ricorrere al metodo adottato da Busoni: prima molto lentamente poi alla giusta velocità. Se ci pensiamo bene è il metodo adottato dai ballerini. Essi ripetono lentamente e a terra le posizioni mostrate loro dal coreografo, poi le ripetono velocemente e saltando. Il motivo risiede nel fatto che la forza di gravità vieta loro di aumentare in modo progressivo la velocità del salto. Lavorando in questo modo essi prendono coscienza del peso e del movimento dei muscoli. Ritornando poi all'esercizio a terra, essi avranno accumulato molte indicazioni utili. Anche noi passando da un'esecuzione lenta e poi veloce prendiamo coscienza del cambiamento di peso delle braccia e delle mani e del coordinamento dei muscoli. In tal modo, alternando lentezza a velocità, favoriamo anche il processo dell'automatismo.

3

Componenti mentali

3.1 Non ho abbastanza suono

Ognuno di noi è preoccupato dalla resa sonora del proprio strumento in una particolare sala da concorso o sul palcoscenico di una sala da concerto. Neppure il fatto di aver provato in quell'ambiente ci tranquillizza, sappiamo benissimo che nel momento in cui sarà presente il pubblico il nostro strumento suonerà in modo completamente differente.

Nello studio quotidiano noi ci abituiamo al suono del nostro strumento e all'acustica della nostra stanza, nel momento in cui dobbiamo provare con un pianoforte o veniamo catapultati nel mezzo di una grande orchestra, ecco che ci troviamo spiazzati, smarriti, facciamo fatica persino a sentirci, con la sensazione che le ore e i giorni passati a studiare nell'intimità della nostra cameretta siano valsi a nulla e di dover quindi ricominciare tutto daccapo.

Ecco allora nascere in noi il desiderio malsano di voler suonare più forte almeno del nostro vicino di sedia se non di tutta la nostra sezione. Questo comporta una serie di problematiche come tensioni dannose che si ripercuotono sull'intonazione, sulla qualità del suono, sui cambi di posizione ecc.

Pochi sono coscienti del fatto che in realtà non possiamo sentirci come gli altri sentono noi. Noi sentiamo l'altezza, il suono, ma non sentiamo che suono realmente abbiamo. È la stessa cosa che accade nel momento in cui parliamo, sentiamo quello che diciamo, ma solamente gli altri percepiscono il vero suono della nostra voce. Sarà capitato anche a voi di subire un vero trauma nel sentire una registrazione della vostra voce. La prima volta si rimane spiazzati in quanto quel suono non corrisponde all'immagine che abbiamo di noi stessi.

3.2 Non sono sufficientemente veloce

È una paura che ci affligge, in particolar modo noi contrabbassisti, allorché vediamo sulla parte una serie di semicrome, biscrome (in gergo si dice di vedere tutto nero), salti di corda oppure una serie di note con intervalli molto ampi. Per superare questa ansia di sensazione di rigidità davanti a note molto veloci, molti di noi, senza rendersene conto, ampliano le arcate e il movimento delle dita della mano sinistra. Così facendo però, non fanno altro che aumentare la rigidità e ottenere come risultato finale di fare una bella corsa.

Il primo punto per suonare veloci è la coordinazione. Saremo padroni della coordinazione solamente attraverso un punto centrale che sincronizzi i movimenti fisici e il cervello. Questo punto di coordinamento tra mente e corpo risiede nel dire il nome delle note. Cito Kodaly: "Troppo spesso lo schema fisico è il seguente: note scritte, esecuzione delle note su uno strumento, percezione uditiva ed eventuale correzione. Però il percorso corretto è quello inverso: note scritte, suoni immaginati, esecuzione. In un procedimento del genere non vi è quasi nulla che deve essere corretto. Guardatevi dal concetto attuale delle note che vengono connesse ad uno strumento o con il fatto di maneggiarne uno. L'immagine uditiva deve vivere libera ed indipendente da qualunque associazione materiale. Questo lo si può ottenere leggendo la musica con il solfeggio... produciamo dita agili ma nella maggior parte dei casi lo spirito arranca su membra pesanti per perseguire dita veloci, in realtà lo spirito deve venire prima di tutto."[2]

La lettura di un brano musicale senza il contrabbasso ritengo sia di maggior efficacia che suonarla effettivamente sullo strumento.

È di assoluta importanza poi un'economia di movimento da parte dell'arco. Per ottenere questo il punto più naturale per i passaggi molto veloci è la metà (secondo l'equilibrio) dell'arco, punto in cui il gomito non ha un movimento di apertura e chiusura.

3.3 Il vuoto di memoria

Eccomi giunto a parlare di quella che possiamo definire come la summa di tutte le nostre apprensioni. Avremo di sicuro notato che questo problema capita spessissimo in coincidenza di una particolare difficoltà tecnica e per di più capita quando si suona in pubblico e quasi mai quando si suona a casa. Questo perché molti memorizzano solo attraverso il movimento delle dita. Una simile conoscenza funziona solo fino ad un certo punto, cioè soltanto quando si suona a casa. Nel momento in cui ci ritroviamo a dover sostenere un esame o un concerto, quindi siamo sotto pressione, questo tipo di conoscenza non basta più. Pensieri che ci fluttuano nella testa come: "Ho abbastanza suono? Sono intonato? Cosa stanno pensando di me, sono bravo?", sono sufficienti a frantumare questo tipo di memoria. Sappiamo benissimo che cercare di scacciare pensieri simili è pressoché inutile. Possiamo tuttavia prevenirli. Importantissimo, come in tutti gli altri aspetti della paura del pubblico, come primo punto fondamentale non avere tensioni fisiche, coltivare l'educazione dell'orecchio esterno (per l'altezza dei suoni),

---

[2] *The Kodaly concept of Music Education*, Boosey and Hawkes, 1969

dell'orecchio interno (come anticipatore della qualità) e dell'immaginazione.

Esercizi

1. Sedetevi con il brano musicale che volete imparare a memoria. Non utilizzate lo strumento. Immaginate prima con l'orecchio interiore, prestando molta attenzione a tutte le indicazioni del compositore. Imparate a sentire dentro di voi la musica come se fosse realmente suonata. Utilizzate la partitura e non solamente la vostra parte.
2. Dividetelo in sezioni, dapprima studiate la macrostruttura, poi i singoli periodi.
3. Immaginate quali diteggiature e arcate potreste usare e confrontatele con quelle eventualmente stampate. Chiedetevi se sono messe dal compositore o da un revisore.
4. Provate a cantare, dicendo i nomi delle note, la prima frase o un periodo più lungo aiutandovi con il pianoforte o pizzicando le corde vuote del vostro strumento. Ripetete la stessa cosa pensando di suonarla su un contrabbasso immaginario però con movimenti veri, come se steste suonando realmente. Questo vi permetterà di accorgervi di eventuali blocchi fisici.
5. Ripetete tutto senza l'ausilio della musica, suonando a memoria, senza continue sbirciatine alla parte. Se vi capita un vuoto di memoria guardate la musica e cercate di analizzare attentamente quel punto.
6. Ora suonate tutto il periodo con lo strumento dicendo dentro di voi il nome delle note. Studiate periodo per periodo. All'inizio troverete faticoso questo modo di studiare, non vi

affaticate. Gradatamente giorno dopo giorno potrete aumentare il lavoro.

7. Alla fine, quando avrete imparato tutto il brano diviso in sezioni, mescolate le varie sezioni in modo da renderle indipendenti una dall'altra. Questo vi darà una grande sicurezza. Suonate il brano anche a ritroso, sezione per sezione. Uno studio di questo tipo è utilissimo in quanto capita spesso di arrivare in fondo ad un brano stanchi sia mentalmente sia fisicamente. In questo modo potremo studiare tutte le sezioni con mente e fisico freschi.

4

Componenti sociali

4.1 Sono sufficientemente bravo?

Tutto ha inizio sin dalla più tenera età. Ogni bambino cerca l'approvazione da parte dei genitori, in cambio riceve un senso di sicurezza. La maggior parte dei genitori vede i figli come una propria proiezione mostrando, giustamente, fierezza per i risultati che riescono a raggiungere. Questo però getta una notevole ansia sui figli. Il bambino, per ottenere l'approvazione dei genitori e degli insegnanti, vuole essere più bravo dei suoi compagni. Scatta così la competizione. La competizione negli esecutori non si ferma all'infanzia, ma aumenta per tutta la vita e in casi estremi, il successo o il fallimento paragonato a quello di altri colleghi, diventa la norma della loro valutazione come persona.

La nostra è una società competitiva, tutti ricercano il successo. Ma un successo di tal genere è solo una conquista materiale. Anche nel momento in cui ci riferiamo ad un divo del cinema, un direttore d'orchestra, un cantante come ad un artista di successo, il nostro rimando è solo allo status economico raggiunto, poiché il valore della creatività, dell'arte, non può essere misurato in successo.

Per nostra sfortuna, noi musicisti classici, siamo sottoposti sin dall'inizio dei nostri studi ad esami, poi ad audizioni e concorsi, così che il nostro obbiettivo diventa il successo. Anche una volta ottenuto, il successo diventa difficile mantenerlo, infatti, al concorso successivo potrebbe avere la meglio un altro esecutore. L'ansia che provoca la partecipazione ad un concorso per trovare lavoro è la peggiore, il fatto di essere continuamente giudicato procura molte incertezze ed ha rovinato la vita di moltissime persone e bravi strumentisti. Visto che difficilmente si potrà cambiare questo sistema, perché a mio avviso non c'è un altro sistema e poi sicuramente ha una validità, quello che ci rimane da fare è cercare di evitare o almeno ridurre i problemi che causa, cambiando il nostro atteggiamento verso di esso. Tutto sarebbe più facile se fin dall'inizio ci fosse insegnato che suonare uno strumento è un'arte creativa più che un'abilità tecnica.

Non facciamoci illusioni, in ogni caso la paura del pubblico non se ne andrà di punto in bianco. Per di più, come ho già detto, l'ansia è una componente essenziale del nostro essere.

Non mi stancherò mai di sottolineare quanto sia importante studiare bene, cosa che raramente avviene. In realtà molto di rado lo studio è collegato col fare musica, spesso non è altro che un esercizio sterile, ripetitivo, per rendere le dita più agili e aumentare la forza muscolare. Ma per questo esistono le palestre! Spessissimo molti strumentisti si preparano per tanti mesi, studiando anche dieci ore al giorno, per arrivare poi alla data del concorso e non sentirsi ancora sicuri. I continui blocchi sempre negli stessi passaggi, nonostante le molte ore di studio giornaliero, aggiungono ancor più insicurezza. Ancor peggio è quando questa insicurezza porta ad una dipendenza dalle ore di studio giornaliero. Ciò avviene nel momento in cui ci si affida ad un allenamento muscolare al posto di un allenamento mentale. Lo studio che si fa sullo strumento deve essere soltanto quello indispensabile, infatti, lo studio prosegue per tutta la giornata.

Allorché uno è cosciente dei principi di equilibrio e movimento, lo studio continuerà sia che debba suonare in orchestra o insegnare. Questo perché si è coscienti di quali movimenti e posizioni si debbano evitare per non incorrere per esempio in fastidiosi mal di schiena, o come affrontare un cambio di posizione oppure studiando a memoria un brano mentre si viaggia in metropolitana. Ridurre le ore di esercizio fisico non vuol necessariamente dire ridurre le ore di studio per una continua crescita.

4.2 Allenamento mentale

Molti artisti e sportivi usano consciamente e deliberatamente lo studio con la mente. Il grande Busoni diceva che la più grande tecnica risiede nel cervello. Tale tecnica usa esattamente gli stessi semplici filmati mentali che abbiamo naturalmente in ogni momento della nostra vita, ma lo studio mentale è deliberato e conscio.

Nella nostra mente noi costruiamo complessi e dettagliati filmati. È come un sogno ad occhi aperti, ma un sogno nel quale si ha l'intero controllo delle immagini: tu costruisci immagini dal risultato perfetto, nei dettagli più minuti, includendo ed escludendo quello che non vuoi.

Lo studio mentale non è semplicemente un modo di pensare positivo, ma di rappresentare te stesso suonare nota dopo nota, dito dopo dito, arcata dopo arcata. Nel momento in cui ti visualizzi mentre suoni un determinato pezzo, capita spesso di avere dei blocchi. Mentalmente riesci a suonare solo poche note prima di esitare, di ricordare un'arcata o una diteggiatura, c'è un vuoto nella tua mente. Questa è, in effetti, la via più veloce per scoprire le aree del pezzo che hanno bisogno di essere rafforzate. Una volta che tu riesci a visualizzare l'intero brano nota dopo nota, senza esitazioni, non sarai più preoccupato della tua memoria nel momento in cui lo dovrai suonare di fronte al pubblico.

Allorché ci si visualizza suonare si sentiranno le stesse tensioni di quando si suona realmente. È impressionante come le nostre dita o la nostra mano si tendano nello stesso modo come se stessimo concretamente suonando.

I benefici di visualizzare sé stessi suonare quelle note con mano e dita rilassate sono ovvi: nel momento in cui ti visualizzi suonare tu accedi allo stesso "programma" che ti guida quando suoni il tuo strumento. Cambiare questo programma attraverso lo studio mentale ha gli stessi effetti del cambiarlo con lo studio pratico. Quando si suona scorrono una serie di fotogrammi nella nostra mente, è cambiando questi fotogrammi che cambiamo il nostro modo di suonare. Accedendo al "sistema operativo interno", attraverso la pratica mentale, andiamo dritti allo scopo finale con maggior facilità e velocità se comparata allo studio tradizionale.

Si scopriranno velocemente, visualizzando i contenuti drammatici ed emozionali di ogni frase, i punti in cui non abbiamo capito realmente la musica, o dove veramente non sappiamo cosa o come vogliamo suonarlo.

Non appena poi ritorneremo alla pratica con lo strumento rimarremo piacevolmente stupiti di come il nostro modo di suonare sia migliorato. Persino se non avremo toccato lo strumento, ci sentiremo caldi e sicuri tecnicamente come se avessimo suonato tutto il giorno. La nostra memoria sarà molto più sicura. Le frasi in cui avremo visualizzato e sentito la nostra mano sciolta, la sentiremo veramente così anche durante l'esecuzione.

Una volta che un musicista ha scoperto il potere, la facilità della pratica mentale, comincerà a passare ogni momento libero studiando un pezzo con la propria mente, specialmente nel momento in cui si dovrà preparare per un concerto da solista.

Se soffriamo della paura del pubblico, lo studio mentale ha la stessa efficacia di un estintore usato per spegnere un incendio. Supponiamo che nello studio quotidiano il nostro arco sia sempre sotto controllo ma che ci preoccupiamo che durante il recital possa ballare. Immaginiamoci durante il recital, vediamo l'arco perfettamente fermo e in pieno confort, guardiamo la nostra spalla e il braccio liberi da ogni tensione, e così via.

Se costruiremo un filmato così, in ogni particolare, se saremo capaci di vedere tutti i dettagli nella mente in un momento, allora otterremo i migliori risultati.

Dobbiamo focalizzare la maggior parte della nostra attenzione nel filmato mentale del perfetto risultato musicale e tecnico che si vuol raggiungere. Abbiamo bisogno di tutta la nostra consapevolezza per essere consci di ciò che sta accadendo.

Se pratichiamo uno studio mentale in modo focalizzato e costruttivo per tre ore mentre siamo seduti per fare un esempio al parco, e poi suoniamo lo strumento per un'ora, possiamo dire a noi stessi di aver studiato quattro ore.

Ogniqualvolta pensiamo ad una performance futura, un concerto, un esame o un'audizione, dobbiamo vedere il film nella nostra mente. In ogni occasione, per un istante o per alcuni minuti alla volta, immaginiamoci durante la performance.

Nel momento in cui ci assale l'ansia, o siamo preoccupati per un possibile vuoto di memoria, o per la nostra reazione in un'audizione, visualizziamo un filmato nella nostra mente.

È facile avere sotto controllo ognuno di questi momenti con un naturale training mentale. Semplicemente diciamo "No" alle immagini che non vogliamo, e non permettiamo che entrino nella nostra mente. Allo stesso tempo costruiamone delle migliori, di libertà, gioia, facilità, sicurezza.

Parte Seconda

Il lavoro del musicista su se stesso

5

Psicotecnica cosciente

Nell'arte bisogna cercare prima di tutto il bello e capirlo.

I momenti magici di uno spettacolo rientrano *nell'arte della reviviscenza*[3](vale a dire il processo mediante il quale un musicista rievoca, analizza, comprende e rivive una sua esperienza personale analoga a quella che il compositore e la musica vogliono esprimere e se ne serve per immedesimarsi in essa). Bisogna saper stimolare e guidare la natura con sistemi di psicotecnica che stimolano il subconscio e lo coinvolgono, per vie dirette e indirette nella creazione (*creazione subcosciente della natura, attraverso la psicotecnica cosciente del musicista*). Nel momento in cui nel nostro lavoro interviene il subconscio non bisogna disturbarlo.

Non si può creare sempre subcoscientemente e in stato d'ispirazione, nessun genio può farlo. La creazione deve essere cosciente e giusta, perché così produce il vero e il vero porta alla convinzione, facendo intervenire la natura prima e il subconscio poi (con l'ispirazione). Prendiamo esempio dai grandi attori di teatro.

---

[3] Come la definisce Stanislavskij. Pseudonimo dell'attore e regista sovietico K. S. Aleksev (Mosca 1863-1938). Nel 1898 fondò con lo scrittore V. N. Dančenko il Teatro d'Arte di Mosca, il quale esercitò uno stimolo innovatore nell'arte della recitazione e della messinscena. Elaborò un suo "sistema" in cui sostiene che l'attore non deve riferire le passioni del suo personaggio, ma viverle egli stesso.

Recitare nel modo giusto vuol dire: pensare, volere, desiderare, agire, esistere sul palcoscenico, nelle condizioni di vita di un personaggio e all'unisono col personaggio. Bisogna rivivere un brano musicale, provando realmente sentimenti analoghi ad esso ogni volta che si ripete, sempre non solo durante un'esibizione pubblica ma anche nello studio. Il musicista, come l'attore, non deve solo rivivere interiormente la parte ma anche incarnare esteriormente quello che ha vissuto. Da qui la necessità di trasmettere esteriormente quello che si è rivissuto interiormente è molto forte. Voce e corpo devono comunicare con precisione, immediatezza ed estrema esattezza, sensazioni interne, sottilissime e quasi inafferrabili. Solo un'arte satura delle esperienze dirette e vitali dell'esecutore può trasmettere le impalpabili sfumature e la profondità della vita interiore di un personaggio. Solo quest'arte può avvincere lo spettatore.

La rappresentazione di una parte è rivivere una parte, una o alcune volte per individuare la forma esteriore della manifestazione naturale del sentimento e poi imparare a ripeterla automaticamente. Assolutamente da evitare, in quanto vuol dire cadere nei clichés! Nella nostra arte ogni volta la parte deve essere rivissuta ex novo, molto quindi è affidato all'improvvisazione che opera su uno stesso tema solitamente fissato, in modo da creare così un'interpretazione fresca.

Il guaio grosso dei clichés è che si appiccicano addosso e non si staccano più, i clichés riempiono tutti i vuoti di una parte, non colmati dal sentimento vivo. Con i clichés abbiamo quindi il piacevole anziché il bello. Essi sono un trucco del mestiere che per quanto perfetti non riescono a commuovere lo spettatore. Gli attori di temperamento stringendo i pugni, contraendo i muscoli, ansimando, provocano emozioni da palcoscenico eccitando artificialmente i muscoli e i nervi, non si ha quindi una recitazione (o esecuzione musicale) artistica ma un'enfasi[4], non sentimenti vivi ma un'emozione teatrale. L'enfasi, l'esagerazione e così il mestiere hanno inizio nel momento in cui si finisce di rivivere la parte, il mestiere è fatto per sostituire il sentimento.

Tutto quello che succede in scena deve avere uno scopo, anche sedere deve avere uno scopo che non è quello di farsi ammirare dal pubblico.

L'immobilità di una persona che siede in scena non vuol dire passività, tu puoi essere immobile e nello stesso tempo in piena azione, solo che non è esterna, fisica, ma interna psichica. L'immobilità spesso deriva da un'intensa attività interiore. Le varianti della gestualità declamatoria sono infinite e tra queste paradossalmente abbiamo l'immobilità con tensione. Se il gesto però, è solo in funzione dell'esecuzione il solista, per quanto bravo potrà essere, non avrà carisma, non riuscirà a catturare l'attenzione dell'uditorio. Se manca, da parte dell'esecutore, un gesto preparatorio prima dell'attacco, la platea avrà difficoltà nel capire sin dall'inizio il ritmo. Bisogna pensare al gesto preparatorio del direttore d'orchestra e al fatto che un movimento contro la forza di gravità crea tensione nello spettatore, mentre il contrario crea distensione. Decidere per una scelta di gestualità, istintivamente o meno, secondo me significa aver cominciato già a vincere la partita. Al contrario, chi non vuol rischiare la "stecca" ha già cominciato a perderla.

Una persona che si presenta di fronte al pubblico deve essere rappresentativa, deve essere "qualcosa". Anche qui, come in tutte le cose, c'è chi nasce e chi lo diventa, molto spesso uno lo diventa. Si costruisce un personaggio, dal modo di atteggiarsi del capo, del busto e delle braccia, e dell'incedere. L'entrata in scena stabilisce, con il linguaggio del corpo, il tipo di rapporto che il solista o il

---

[4] Figura retorica, dal greco *ephainein* "dimostrare", consiste nel mettere in rilievo una parola o un'espressione grazie ad una particolare sottolineatura.

candidato intende avere con il pubblico-commissione (come vate ispirato, come un illusionista che ti coinvolge o un compagno di viaggio. O "io suono solo per te" magari detto ad alcune centinaia di persone, "sono felicissimo di essere qui assieme a voi", "non vedo l'ora di suonare", "vorrei essere da tutt'altra parte"). L'entrata in scena è quindi già l'inizio dello spettacolo. Il concertista-concorsista deve riflettere sul fatto che dal momento che esce sulla ribalta è sotto osservazione e che ogni suo gesto provoca una reazione, positiva o negativa, nel pubblico-commissione.

Il valore dell'arte dipende dal suo contenuto spirituale, rammentate sempre questa frase.

5.1 Immaginazione

L'immaginazione svolge un ruolo molto importante nella vita di tante persone. Gli scienziati, per fare un esempio, la usano per verificare il funzionamento delle loro invenzioni prima ancora di costruirle. Nicolas Tesla, inventore dell'elettricità ad alto voltaggio, del generatore di corrente alternata e della lampada fluorescente, metteva alla prova le sue invenzioni per molte settimane facendole funzionare esclusivamente nella mente. Aveva quella straordinaria capacità, detta immaginazione eidetica (dal greco *êidos*, "forma"), di creare immagini nitide e molto dettagliate. Era una di quelle rare persone che hanno una memoria fotografica (nel campo musicale tale tipo di memoria era posseduta al massimo grado dal grande Arturo Toscanini). In ogni caso, lasciando stare gli scienziati, anche gli sportivi usano l'immaginazione per preparare la loro strategia o più semplicemente noi nel momento in cui dobbiamo mettere le valige nel bagagliaio della nostra auto prima di partire per le vacanze.

Quale è la definizione esatta d'immaginazione mentale? Un'immagine mentale è la rappresentazione interiore di un oggetto sensibile.

Bruce Jenner, campione olimpionico di decatlon, tenne per alcuni anni nella sua stanza un ostacolo da palestra. Ogniqualvolta si sedeva sul divano, lo guardava e mentalmente lo superava con un salto. Jack Nicklaus, giocatore di golf, visualizza con la mente un film prima d'ogni colpo. Con questo film, egli non solamente vede dove arriverà la palla ma anche come ci arriverà. Anche grandi campioni dell'automobilismo come Ayrton Senna e Michael Schumacher si sono avvalsi di tecniche simili.

La capacità di guidare la nostra immaginazione può aiutarci molto. Le immagini mentali che proiettiamo influenzano l'intelletto, i sentimenti, insomma tutto il nostro essere.

Il motivo per il quale il potere della visualizzazione è molto elevato, è che le nostre emozioni reagiscono alle immagini proprio come se l'oggetto immaginato fosse effettivamente davanti a noi. Le immagini, i suoni e i sentimenti che in continuazione attraversano la mente, sono il nucleo delle nostre esperienze; esse creano il nostro mondo interiore. Quindi le immagini negative interferiscono sull'umore e sull'attenzione. Con tecniche specifiche possiamo modificare queste immagini e di conseguenza i sentimenti. Per fare un esempio, allorché vogliamo liberarci dall'agitazione interna nata da una situazione che ci turba (un esame, un concorso, un concerto molto importante ecc.), dobbiamo concentrarci su ciò che è positivo. In ogni situazione possiamo trovare qualcosa di positivo: un caro amico che non vedevamo da qualche tempo, una splendida giornata di sole, la camicia che ci siamo appena comprati, la cena che ci aspetta al nostro ristorante preferito ecc.

Nel lavoro di musicista la nostra migliore alleata è l'immaginazione. Essa completa ciò che è lasciato in sospeso dal compositore. È importante quindi avere un'immaginazione spiccata, sia quando si studia sia quando ci si esibisce su un palcoscenico. Chi n'è sprovvisto cosa può fare? Costruirsela! Vediamo come.

Innanzitutto dobbiamo affermare che esistono vari tipi d'immaginazione. Abbiamo quella attiva ed autonoma, la quale si sviluppa senza fatica. Poi c'è l'immaginazione senza iniziativa, ma che afferra tutto ciò che le viene suggerito e poi lo elabora da sola. Infine l'immaginazione che assorbe quello che le viene suggerito ma non lo sviluppa; qui il lavoro diventa complicato ma fattibile!

Per sviluppare la propria immaginazione non si deve forzarla ma guidarla e neppure si deve fantasticare a casaccio. L'immaginazione deve avere uno scopo interessante per creare. Fondamentale è che l'immaginare deve avere azione, si deve risvegliare prima l'attività interna e poi quella esterna. In poche parole il musicista ha bisogno di una fantasia attiva e non passiva. Per chiarificare, vi riporto un esempio che il grande Stanislavskij era solito fare ai suoi allievi.

Un amico vi domanda: "Dove sei seduto?".

Voi: "Sulla sedia".

L'amico: "Se invece di una sedia fosse una stufa accesa, cosa faresti?"

A questo punto voi improvvisamente balzereste dalla sedia per non scottarvi.

Ora possiamo inventarci alcuni esercizi per coltivare la nostra immaginazione. Provate a pensare, per assurdo, che invece delle due del pomeriggio sono le due di notte e voi siete ancora in teatro a studiare. Ho detto per assurdo! Questo vi provocherà molti pensieri e sensazioni diverse. Probabilmente se abitaste fuori città sareste preoccupati (o incavolati) per il ritorno a casa senza più autobus o treni. A casa la vostra famiglia sarebbe in ansia perché non li avete avvisati. La vostra fidanzata sarebbe inviperita perché le avete fatto perdere quel film a cui teneva tanto o la cena in quel nuovo ristorantino.

Ora manteniamo le due pomeridiane ma spostiamole da un tiepido pomeriggio primaverile tipico dell'Italia ad un freddo e buio inverno della Norvegia. Perfino il vostro umore cambierà.

Come nella natura dove tutto è logico e conseguente, così deve essere la finzione nell'immaginazione. È importante per il musicista, liberarsi dal mondo reale che lo circonda (per es. la sala dove si sta tenendo il concorso), per farsi trasportare in un ambiente immaginario dove ogni cosa è conosciuta (per es. la stanza dove di solito noi studiamo). Questo ci aiuterà a sentirci a nostro agio in qualsiasi ambiente. Si può provare anche il percorso contrario. Liberatevi dalla realtà che vi circonda in questo momento e trasferitevi, col pensiero, in un'altra che conoscete (una sala dove avete già suonato e che magari dovete ritornare), oppure che non avete mai visto.

Attenzione a non fantasticare in modo *generico* o *approssimativo*. Sono termini questi che nell'arte non sono tollerati!

Le immagini delle nostre visioni nascono dentro di noi, nella mente e si proiettano fuori affinché le possiamo vedere. Simili immagini, anche se proiettate fuori, noi continuiamo a vederle non con gli occhi, ma con la vista interiore. La stessa cosa accade con l'udito: i suoni che immaginiamo li sentiamo con l'orecchio interno, (tali argomenti, già trattati nella prima parte di questo libro, data la loro importanza saranno ampiamente ripresi anche nell'ultima, dove si parlerà di meditazione yoga come l'esercizio della "candela").

Creare una sequenza d'immagini non è poi così difficile; creare dei sentimenti al contrario è impossibile. I sentimenti e le esperienze interiori sono inafferrabili, capricciose, mutevoli e non si possono *fissare*.

La vista è più compiacente. Le immagini s'imprimono in modo più sciolto e più saldamente nella memoria visiva, per riapparire poi di nuovo durante lo spettacolo. Aiutatevi con le immagini visive, meglio abbordabili e più accondiscendenti a richiamare e consolidare le sensazioni spirituali meno accessibili e meno stabili. Si deve quindi "proiettare il film", il quale ci deve mantenere costantemente in uno stato d'animo conforme al brano di musica (deve provocare stati d'animo e sensazioni analoghe a quelli della parte, influenzandoci con le nostre immagini per farci rivivere esattamente gli stessi sentimenti).

L'immaginazione è indispensabile all'esecutore non solo per creare, ma anche per rinnovare quello che ha già creato e di cui si è già servito, ricorrendo a nuovi particolari che lo ridestino.

Quanto inventato dall'immaginazione deve essere giustificato e fissato punto per punto.

Le domande "chi, quando, dove, perché, a che scopo, come" che ci aiutano a risvegliare l'immaginazione, ci assistono nel creare un quadro sempre più preciso della vita falsa e immaginaria che cerchiamo.

Facciamo ora un piccolo riepilogo sui vari modi per sviluppare l'immaginazione. Ricordatevi innanzitutto di fissare punto per punto e di giustificare tutto quello che avete inventato attraverso l'immaginazione. Per fare ciò, aiutatevi con le domande "come, dove, quando, perché, chi….", le quali vi aiuteranno a creare un quadro molto preciso del film immaginario. Fantasticare in modo generico è inconcludente!

5.2 Attenzione

Tutte le azioni, anche le più semplici come il camminare, che nella vita di tutti i giorni ci riescono perfettamente, nel momento in cui entriamo sul palcoscenico con la presenza del pubblico o di una commissione giudicatrice si deformano. All'improvviso non siamo più capaci di compiere i gesti più normali. Per ovviare a tutto questo dobbiamo sempre avere un oggetto sul quale rivolgere la nostra attenzione, il quale, però, non deve essere in platea ma vicino a noi. Più è interessante l'oggetto, più la nostra attenzione è occupata.

Non esiste un solo istante della nostra vita in cui l'attenzione non sia attratta da un oggetto qualunque. Dobbiamo quindi, attraverso l'utilizzo di tecniche specifiche, imparare a fermare l'attenzione su un oggetto di nostra scelta che si trovi sul palcoscenico vicino a noi. Per annullare la presenza del pubblico interessiamoci soltanto a quello che succede in palcoscenico.

Noi, in altre parole la nostra testa, le mani, i piedi, lo strumento e il leggio di fronte a noi fanno parte del "piccolo cerchio d'attenzione". In questo piccolo cerchio ci sentiamo come a casa, come se fossimo nella stanza dove abitualmente studiamo. Lo stato d'animo che proviamo è propriamente detto "solitudine in pubblico". Attraverso questa tecnica, durante un concorso, o un concerto davanti a centinaia di spettatori, noi potremo rinchiuderci nel nostro guscio.

Allargando il campo d'interesse abbiamo il "cerchio d'attenzione medio", che comprende per esempio anche il pianoforte. Per rendere più semplice l'immagine, possiamo paragonare il "piccolo cerchio" ad un monolocale ed il "cerchio medio" ad un bilocale adatto per una piccola famiglia.

Infine abbiamo il "grande cerchio". "Il grande cerchio" comprende tutto il palcoscenico, compresa l'orchestra. Diciamo che c'interessano soprattutto i primi due cerchi, anche perché raramente a noi contrabbassisti capiterà di suonare in qualità di solisti con una grande orchestra.

Allorché allarghiamo il cerchio, cresce anche la nostra zona d'attenzione. Attenzione che durerà soltanto sino a quando riusciremo a mantenere inalterata la linea del cerchio fissata precedentemente. Man mano che la zona si allarga, la presenza del boccascena si fa più incombente. Appena ci accorgiamo che i contorni iniziano ad essere confusi, l'unica nostra alternativa è quella di restringere il cerchio. Di norma questo è il momento in cui si perde il controllo dell'attenzione. Il "piccolo cerchio" è quello che ci fa sentire più a nostro agio, la salvezza nei momenti di panico e di smarrimento.

Un aiuto per comprendere il significato di solitudine in pubblico lo dà un'antica fiaba indù. Un maragià dovendo nominare un ministro decise che avrebbe scelto colui che fosse riuscito a compiere, camminando sulle mura, un giro completo della città, reggendo un vaso colmo di latte, senza versarne nemmeno una goccia. Tentarono in molti, ma durante il loro giro, un servo incaricato dallo stesso maragià, cercando di coglierli di sorpresa, li distraeva con ogni mezzo. Alla fine ognuno di loro rovesciava il contenuto del vaso. Infine l'ultimo. Nessuna delle astuzie utilizzate dal servo riuscì nell'intento di fargli staccare gli occhi dal vaso colmo di latte. – Sparate!- gridò il maragià. Nemmeno gli spari ebbero alcun effetto su di lui. Finalmente il maragià esclamò: ecco il nuovo ministro. Poi lo fece chiamare e lo interrogò. – Non ti sei accorto delle urla, degli spari?- No, io badavo al latte!- fu la risposta. Questo vuol dire essere nel cerchio; questa è la vera attenzione.

Su una pedana da concerto il musicista si sente in mezzo al deserto. L'unica salvezza sta nel saper dominare il cerchio d'attenzione piccolo e medio. La nostra difesa in scena sono il "piccolo cerchio" e "la solitudine in pubblico". Tutto quello che sapete sull'attenzione esterna vale anche per quella interna, in altre parole anche nella vita immaginaria possiamo usufruire degli *oggetti* e dei *cerchi d'attenzione.*

Se il mondo sensibile che ci circonda sulla scena richiede un'attenzione ben allenata, gli oggetti instabili dell'immaginazione hanno bisogno di un'attenzione cento volte superiore. Per rendere stabili gli oggetti dell'immaginazione interna, dobbiamo comportarci come precedentemente abbiamo fatto per sviluppare l'attenzione esterna. Anche con l'attenzione interna abbiamo la lotta continua tra l'attenzione utile e quella dannosa. La dannosa è quella che ci distoglie da ciò che stiamo facendo per trascinarci da un'altra parte (per es. guardare il pubblico seduto in platea). Per noi musicisti l'attenzione interna, attraverso la fantasia, è fondamentale nel processo creativo. Sicuramente sappiamo che non è facile concentrarsi su instabili oggetti interni, in un ambiente pieno di distrazioni come quello in cui si svolge un concerto, davanti a centinaia di persone, o un concorso davanti ad una commissione.

Non tutti possiedono la volontà per fare un lavoro giornaliero così scrupoloso: esercitare la nostra attenzione nella vita di tutti i giorni con esercizi simili a quelli fatti per sviluppare l'immaginazione.

Non pensiamo di non essere in grado di raggiungere una simile attenzione. Un giocoliere del circo riesce a fare esercizi ancora più difficili, a volte rischiando anche la vita. Tutto questo gli riesce perché la nostra attenzione è fatta di vari strati che non interferiscono tra loro. Anche per l'attenzione vale il discorso che molte cose con l'abitudine diventano automatiche.

Non commettete l'errore di pensare che il grande solista, attore, pittore ecc. agisca solo per intuizione e talento. Il talento non educato è come un materiale non lavorato.

Sviluppate l'attenzione osservando il bello nelle cose. Il bello eleva l'animo risvegliandone i sentimenti migliori. Cosa c'è di più bello della natura?

Ricordatevi che anche nel deforme vi è il bello, così come nel bello troviamo il brutto.

Dalla natura, passate poi ad analizzare tutte le opere d'arte che vi capitano sotto gli occhi: musica, letteratura, scultura, architettura ecc.

Non siate però analitici. Il vero artista si appassiona ardentemente a tutto ciò che gli sta intorno. Prende appunti con il cuore, non come farebbe un giornalista. Uno scultore, quando si trova davanti ad un blocco di marmo, si esalta e si emoziona: lui all'interno del marmo vede già la statua, deve solo tirarla fuori.

5.3 Rilassamento muscolare

Nelle persone nervose, la tensione muscolare è presente in ogni momento della loro vita. L'artista, quando si presenta davanti ad un pubblico, è soggetto alla stessa tensione. La caccerà dal collo, ma si ripresenterà nella spalla e così via. Avvertirà tensioni per tutto lo spettacolo. Non si può debellare completamente questo male, bisogna solo combatterlo instancabilmente. La soluzione che abbiamo è di creare un controllore interno che sorvegli, sia nella vita di tutti i giorni sia in scena, che non si producano contrazioni muscolari. È un compito arduo. Appena avvertiamo una contrazione dobbiamo eliminarla; è questo un processo d'autocontrollo che deve diventare automatico. Deve essere un'abitudine sia nei momenti di calma, sia negl'istanti d'estrema tensione. L'autocontrollo e la resistenza alla tensione devono diventare per il musicista una condizione normale. Se non riusciamo a vincere la tensione, lasciamo che si crei, ma subito dopo facciamo intervenire il controllore. Col tempo, rilassare i muscoli nei momenti d'agitazione, sarà un fatto normale.

Questa deve diventare un'abitudine giornaliera, non soltanto nel momento in cui studiamo, ma anche mentre mangiamo o lavoriamo al computer. Esercitarsi al rilassamento dei muscoli deve diventare una consuetudine inconscia. Solo a questa condizione il controllore ci potrà aiutare nel momento di massima tensione.

Un semplice esercizio che vi posso consigliare è quello di sdraiarsi sul pavimento e individuare i punti in cui si sono formate delle tensioni. Individuati i punti, tentiamo di rilassarli cercando contemporaneamente se vi sono altre tensioni.

Prendiamo esempio dagli animali. Se solleviamo delicatamente un gatto che si è addormentato sulla sabbia, noteremo che sarà rimasta impressa tutta la forma del suo corpo. Ripetendo lo stesso esperimento con un uomo, ci accorgiamo che rimane un'impronta profonda solo in alcuni punti. A causa delle continue tensioni di alcuni muscoli la sabbia, in determinate zone, rimane meno impressa. La posizione ideale è di togliere qualsiasi tensione. Riposando in questo modo, anche soltanto un paio d'ore, ci darà maggior beneficio di un'intera notte inquieta. Tale è il modo adottato dai capicarovana arabi, i quali dovendo fare soste nel deserto molto brevi, compensano tale brevità con il totale rilassamento muscolare.

Cerchiamo di scoprire quali sono le leggi che governano l'equilibrio umano e di capire, sulla nostra pelle, quale è il centro di gravità nelle varie pose che assumiamo mentre suoniamo. Per fare ciò proviamo a suonare senza lo strumento. Idealmente, noi vogliamo suonare con scioltezza, forza e bilanciamento, ma senza dolori o posizioni non confortevoli. Attraverso lo yoga (come sarà trattato più ampiamente nel cap. 7), miglioreremo la nostra flessibilità, forza e bilanciamento. Quando si costruisce una casa, l'elemento più importante sono le fondamenta. Se le fondamenta sono costruite con materiali poveri e deboli, porteranno inevitabilmente una miriade di problemi alla costruzione. Al contrario, nel momento in cui è posta la necessaria attenzione affinché le fondamenta siano costruite a regola d'arte, tutta la costruzione ne beneficerà rimanendo in buona salute più a lungo. La stessa cosa accade con il nostro corpo.

Ed ora un esercizio di estrema utilità che chiamerei di "messa a terra", in particolar modo vantaggioso per tutti coloro i quali suonano in piedi.

Esercizio

In piedi, con le gambe leggermente divaricate. Sentite il contatto con il terreno delle dita dei piedi e dei talloni. Permettete al peso del vostro corpo di andare sui piedi. Permettete al pavimento di sostenervi. Adesso muovete i fianchi; cercando di metterli in linea con i piedi. Fate ora salire il petto e le scapole verso il soffitto. Ricordate che la direzione è in alto, non piegatevi all'indietro perché, così facendo, comprimerete la parte bassa della colonna vertebrale (vedere foto n. 2 e n. 3 per la posizione corretta, foto n. 4 per quella scorretta). Portate le spalle verso le orecchie e poi lasciatele cadere. Questo è un buon test per le spalle. Vi permetterà inoltre di capire se avete la tendenza a portare il collo in avanti o indietro rispetto al corpo. Ruotate lentamente la testa prima a sinistra e poi a destra. Guardate ora davanti a voi, cercando di allineare la testa con il collo e le spalle. Fate un paio di respiri profondi; permettete al corpo di godersi questa sensazione d'equilibrio. Lasciate che il peso del corpo continui ad essere scaricato a terra, e che il pavimento vi sostenga. È da questa posizione che dobbiamo partire per avvicinarci allo strumento. Rivedete l'esercizio di "messa a terra" nella posizione in cui normalmente suonate. Allineate il vostro corpo e cercate di raggiungere una posizione di equilibrio. Respirate profondamente.

Foto 2.   Foto 3.

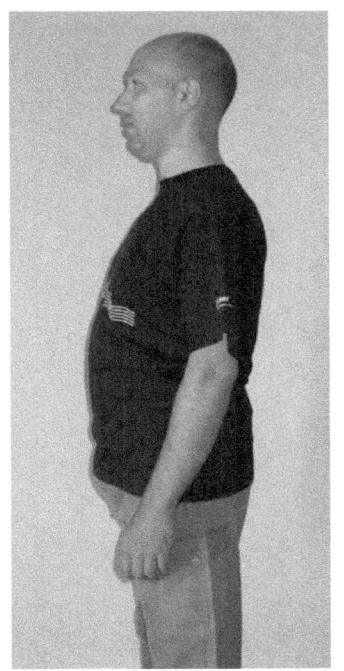 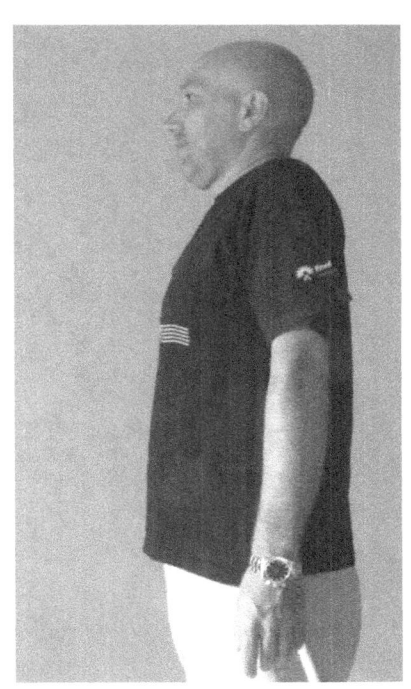

Foto 4.

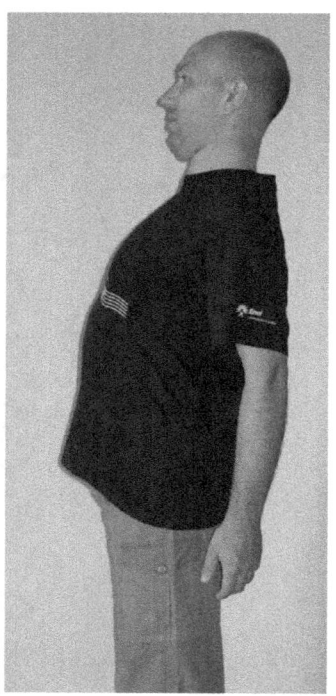

I prossimi esercizi potrete includerli nella vostra giornata di studio.
1. Iniziate con la "messa a terra". Dopo aver fatto due respiri profondi, mentre inspirate sollevate le braccia con il palmo delle mani uno di fronte all'altro. Le braccia devono essere leggermente in avanti rispetto al vostro corpo (vedi foto n. 5). Sollevate soltanto le braccia, mantenendo le spalle basse e rilassate. Questo vi aiuterà a ridurre le tensioni che si creano nel collo e nelle spalle. Mentre mantenete la posizione fate dei respiri profondi. Lentamente riportate le braccia lungo i fianchi.

Foto 5.

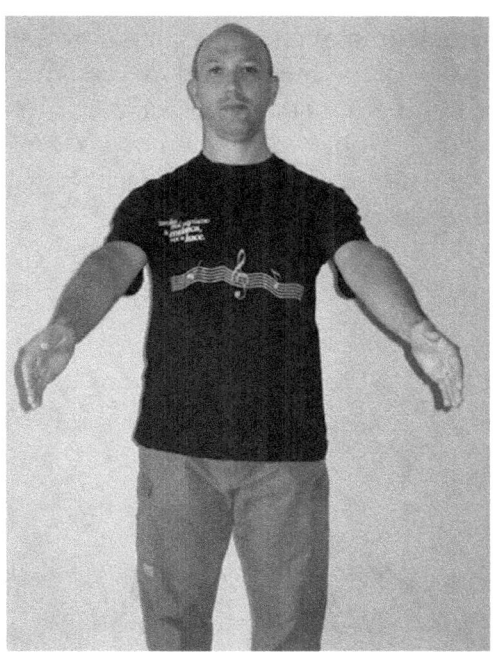

2. Inspirate mentre sollevate le braccia sopra la vostra testa. Le braccia devono essere leggermente in avanti, come nell'esercizio precedente. Espirate, portando le braccia parallele al terreno con i palmi rivolti uno di fronte all'altro. Respirate profondamente. Mantenendo le braccia in questa posizione, ruotate i palmi verso l'alto (vedi foto n. 6). Fate in modo che le spalle siano rilassate. Respirate profondamente per una decina di volte. Il gesto di questa posizione è il contrario di quella normalmente usata nel

suonare il contrabbasso. Praticando questo esercizio si può raggiungere un migliore bilanciamento nei muscoli delle braccia e delle spalle. Con il tempo, avrà un effetto positivo sulla postura, permettendovi di assumere una posizione diritta molto più facilmente. Ruotate le mani in modo che i palmi siano rivolti verso il pavimento, espirate e lentamente riportate le braccia lungo i fianchi. Rilassatevi sempre respirando profondamente.

Foto 6.

Anche in questo un gatto può farci da maestro. Possiamo rivoltarlo, urtarlo in ogni modo. Niente da fare; casca solo quando e come vuole lui.

Ci tengo a precisare che noi non arriveremo mai ad avere un'agilità ed un'armonia di movimenti pari ad un animale. Solamente la natura è in grado di giungere ad un livello così alto allo stesso tempo di precisione e leggerezza di movimento. Pensiamo ai felini quando agguantano una preda. Essi passano dalla completa immobilità, ad uno scatto fulmineo senza il minimo spreco d'energia o di tensione inutile.

Non dimentichiamo che allentando la tensione del viso si diminuisce anche quella del corpo, in più evitiamo di fare delle smorfie mentre suoniamo, che oltre essere brutte, mostrano anche le nostre difficoltà. Un viso mobile riflette in modo chiaro le emozioni interne dello spirito della parte che stiamo rivivendo ed i sentimenti escono liberi dal subcosciente.

5.4 Memoria emotiva

È la memoria che ci aiuta a riprovare tutte le emozioni già vissute, da quelle liete provate durante una festa di compleanno a quelle dolorose per la morte di un caro amico.

Se siete capaci di impallidire o di arrossire per un ricordo, se avete paura di pensare ad una disgrazia passata da molto tempo, allora avete la memoria dei sentimenti, *la memoria emotiva*.

Le cause prime della vita psichica sono: l'intelletto (rappresentazione-giudizio), il sentimento e la volontà. La natura spesso dà vita a personalità artistiche emotive, o determinate, o razionali.

- Nel primo tipo il sentimento prevale sull'intelligenza e la volontà.

- Nel secondo tipo la volontà prevale sul sentimento e sull'intelligenza.
- Nel terzo tipo l'intelligenza prevale sulla volontà e sul sentimento.

Il prevalere di un impulso non deve soffocare in ogni caso gli altri due. Nell'arte è efficace sia la creazione emotiva, sia quella determinata o intellettuale. Dobbiamo rifiutare solo la creazione nata dal calcolo arido dell'esecutore: l'interpretazione fredda e mentale.

Il musicista deve prendere come modello i cantanti lirici, i quali oltre al corpo devono *truccare* anche l'anima. Devono andare in camerino due o tre ore prima per prepararsi spiritualmente ad uscire sul palcoscenico. Anche lo strumentista si deve preparare spiritualmente iniziando dapprima con gli esercizi di rilassamento muscolare, poi focalizzarsi sul piccolo cerchio d'attenzione ed infine immedesimarsi nella parte.

Per ottenere la giusta sensibilità scenica bisogna prepararsi con cura ogni volta che si ripete il lavoro creativo.

L'interprete ha bisogno di sdoppiarsi per correggere eventuali errori. Ancora una volta deve prendere esempio dagli attori di teatro, i quali con la loro interpretazione vivono, piangono e ridono in scena, ma al contempo osservano il loro pianto e il loro riso. È in quest'equilibrio tra vita e finzione che si trova l'Arte del musicista.

Attenzione infine a non confondere il significato di queste tre parole: eterno, contemporaneo, attuale. Anche il contemporaneo può divenire eterno se contiene un'idea profonda, ma l'attualità non diventerà mai eterna. Oggi è viva, domani può facilmente essere dimenticata.

Un musicista, come del resto qualsiasi artista, è una persona unica di cui non esiste un altro uguale sulla faccia della terra, esattamente come in natura. Proprio come accade in natura, un musicista percorre le stesse fasi di gestazione attraversate dall'uomo. Abbiamo l'*uomo* (vale a dire il compositore) e la *donna* (cioè l'interprete fecondato dal seme, l'opera del compositore). Poi abbiamo anche il *figlio*, ovverossia l'esecuzione dell'opera, il frutto dell'unione tra compositore e interprete. Tutto avviene come nella vita. C'è un primo incontro nel quale sguardi dapprima sfuggevoli diventano sempre più interessati tra il musicista e la nuova partitura. Dopo questo primo momento di conoscenza, subentra il vero e proprio innamoramento a cui si alternano vari periodi come in una vita normale di coppia: litigi seguiti da riappacificazioni e poi ancora litigi ed infine la natura che prende il sopravvento con la fecondazione, la gravidanza e la nascita.

Parte Terza

Come vincere la partita

Il Pre-Concorso

6

Il vantaggio d'iniziare prima

Una delle lezioni più importanti, che imparai a mie spese durante i primi concorsi, fu che *la partenza lenta* non funzionava. Nel momento in cui "entravo" nel pezzo (concerto o studio che fosse) il mio concorso era già finito. Era così veloce che nemmeno mi rendevo conto di aver iniziato. Brutale!!! Cominciai così ad osservare, ascoltare, parlare con i migliori strumentisti (non solo contrabbassisti). Quello che scoprii fu che alla base c'era sempre (conscia o inconscia) una buona *preparazione mentale*. Buona preparazione mentale significa soprattutto una preparazione mentale anzitempo.

Lasciatemi dire quando il warm-up (o se preferite potete chiamarlo riscaldamento, da non intendersi solo quello fisico) non deve iniziare. Non deve iniziare al momento del vostro arrivo nella sede dove si terrà il concorso, l'audizione o il concerto. Il warm-up inizia nel vostro cervello. I professionisti dei concorsi si preparano mentalmente durante il viaggio che li porta all'esame, a volte persino prima. Il warm-up continua poi nello stanzone dove riuniscono tutti i candidati, fino all'ingresso nella sala dell'esame.

Solitamente, in tali situazioni il cervello è l'ultima parte del vostro corpo che accenderete (se lo accenderete). La maggior parte dei vostri colleghi riscalderà a malapena le dita, mentre pochi presteranno attenzione ad un'adeguata preparazione mentale. La mente, è la cosa peggiore da perdere in questi momenti; ciò avverrà sicuramente nell'attimo in cui la segretaria del concorso pronuncerà il vostro nome e cognome per introdurvi nella sala d'esame.

Prendete la buona abitudine di pensare al vostro esame prima di arrivare sul posto. Se raggiungete la città dove si terrà il concorso in automobile, quello sarà il momento in cui comincerà la vostra preparazione mentale. Mentre camminerete dal vostro albergo alla sala da concerto lì, continuerà la preparazione.

Per me, essa comincia ancor prima. La sera prima, nella mia stanza d'albergo penso al giorno seguente, m'immagino, mentre entro nella sala, mi metto d'accordo con il pianista accompagnatore. Visualizzo la stanza, la commissione (soprattutto se ne conosco i membri), poi mi canto internamente tutto il pezzo. Insomma mi guardo, con grande anticipo sulla realtà, il film del mio esame, cercando di vedere gli errori che potrei commettere e come risolverli. È altrettanto importante alla fine, rivedere il "vero" film, tanto uno abbia vinto quanto abbia perso. Che cosa non è andato per il verso giusto? Quali, al contrario, sono stati i miei punti di forza? Quali i punti deboli? Come posso migliorarli? Che cosa voglio che succeda? Che cosa voglio che <u>non</u> succeda?

Il vostro corpo farà quello che la vostra mente gli dirà di fare. Nel pre-esame la vostra mente darà al corpo le esatte informazioni di cui necessita. È di basilare importanza nel vostro piano rispondere alle seguenti domande:

- Ci sono candidati molto forti?
- Quali sono le loro armi migliori?
- Quali sono i loro punti deboli?
- Quali sono le mie armi migliori?
- Quali sono i miei punti deboli?

Tenete un piccolo diario dove potrete appuntarvi tutte le vostre impressioni, i punti a favore e quelli contro. Tale modo di pensare vi renderà consapevoli di dove vorrete arrivare e come arrivare.

Giunti a questo punto sicuramente starete pensando: "Hey, Paolo. Non possiamo pensare al concorso tutto il tempo. Ci sono altre cose nella vita!" Più che giusto. Ma quello di cui stiamo parlando vi occuperà per non più di quindici minuti. Questo vi darà l'opportunità di partire col piede giusto e di conseguenza di finire nel modo migliore. Penso che ne valga la pena per un po' *d'attenzione*. Tutto questo funziona? Sicuramente. Funzionerà ogni volta? Sì. Ovviamente non si può vincere tutte le volte, ma questo procedimento aumenterà moltissimo le vostre chances.

"Una buona preparazione mentale è importante quanto una buona preparazione tecnica.". Questo modus operandi vale tanto per lo sportivo che per il musicista o l'attore.

6.1 Il corredo del buon concorsista

Sono molto meticoloso, forse anche un po' fanatico, per quanto riguarda il bagaglio che porto con me duranti i viaggi verso le varie città sede di concorso. Voglio essere sicuro d'avere tutto quello di cui potrei aver bisogno nel momento cruciale. La mia lista è personale e potrebbe differire molto dalla vostra, ma questo è quello che mi assicuro di avere con me prima di partire.

6.2 I cibi energetici

L'acqua è la miglior bevanda energetica. Probabilmente poiché è gratis la gente non l'apprezza come dovrebbe.

Io bevo acqua. La porto sempre con me. La bevo prima, durante e dopo le varie fasi dell'esame.

È importante continuare a bere e non solamente quando si avverte la sete. Questo è fondamentale per evitare la perdita di forza muscolare e di coordinazione data da un inizio di disidratazione.

La disidratazione peggiora la performance, persino prima che uno se ne possa accorgere.

Non credo siano necessari gli integratori minerali. Penso che un pieno d'acqua sia la cosa migliore.

Per evitare la disidratazione porto sempre con me una bottiglia d'acqua. Averla di fianco alla sedia mi ricorda che devo berla. Inizio col berne due o tre bicchieri un paio d'ore prima dell'esame, questo mi protegge durante la fase eliminatoria. La bevo poi, dopo la fase eliminatoria per proteggermi durante la semifinale. In altre parole si *deve bere prima di avere sete.*

Non vi è mai capitato di avere un calo di zuccheri? Capita nel momento in cui il livello di zuccheri nel sangue cala drasticamente e improvvisamente le vostre gambe non vi sorreggono più. Accade sempre senza preavviso e nel momento peggiore cioè quando dovete suonare. La soluzione è semplice: mangiate. Per questo mi porto sempre qualcosa, di solito un paio di banane. Sono facili da digerire e danno una buona energia.

Pure le barrette energetiche o le tavolette di cioccolato assolvono bene il compito dando una carica immediata.

6.3 Equipaggiamento

Nella mia custodia non manca mai una muta di corde, anche se è improbabile che ne debba sostituire una a causa di una rottura, e due archi.

Forse sarò troppo pignolo, ma vi posso assicurare, mi è capitato alcune volte di vedere colleghi in preda al panico perché la vite del loro arco si era spannata proprio pochi minuti prima di entrare nella sala dell'esame.

Una volta capitò pure a me e da allora mi porto sempre un secondo arco di scorta. Non è propriamente un arco di scorta ma uno d'eguale livello. Lo so, voi starete già dicendo: ma dove li troviamo, noi che siamo alle prime armi, i soldi per due archi di buon livello? É vero, tutti noi, in parte, siamo passati dagli stessi problemi, ma dovendo scrivere un manuale su come si vince un concorso non devo lasciare nulla al caso.

Altro oggetto, che non deve mai mancare nel vostro bagaglio, è un accordatore elettronico che avrete l'accortezza di tarare con il " La" del pianoforte appena arrivati sul posto.

Non dimenticate infine un metronomo elettronico. Vi sarà di grande aiuto nel caso vi diano un brano di musica da eseguire previo studio di mezz'ora, oppure dobbiate studiare un passo orchestrale. Ricordate sempre che il metronomo è il miglior amico del musicista.

A proposito di passi orchestrali, nel mio bagaglio non mancano mai alcuni volumi della raccolta della "International", molto utili nel caso dobbiate prepararvi sulla "prima vista".

6.4 Vestiario

Anche l'abbigliamento che userete il giorno del concorso avrà molta importanza sul vostro risultato finale. Le scarpe nuove, per fare un esempio, possono causare vesciche e di conseguenza provocare un forte dolore.

Per esperienza personale, posso dire di riuscire a suonare anche con un dolore abbastanza forte. Esso però, diventando la distrazione più grande pregiudicherà in ogni caso la vostra prova. Un buon metodo è di testare le scarpe prescelte per il giorno fatidico almeno un paio di settimane prima.

È importante, altresì, per il resto del vestiario, adottare il classico abbigliamento "a cipolla" in modo da potersi regolare in base alla temperatura del luogo. Personalmente, ai concorsi o alle audizioni, mi vesto con abiti scuri perché mi danno una maggiore tranquillità. In realtà, l'abito scuro, mi fa pensare più ad un concerto che ad una gara, mettendomi in un'atmosfera più rilassata. Ripeto, è una sensazione molto personale, importante è l'uso di abiti comodi, né troppo stretti o troppo larghi, che non impediscano i movimenti.

6.5 Piloti di formula uno

No, non sono ancora del tutto matto come invece starete già pensando! Il paragone con i piloti di formula uno, calza a pennello.

Da quando s'infilano nella tuta, cosa che avviene diversi minuti prima della partenza, fino al momento del semaforo verde, ricontrollano punto per punto la loro checklist. È una cosa molto importante perché li pone mentalmente nella gara parecchio tempo prima.

La loro mente si focalizza su ogni punto della lista (sulle traiettorie delle curve, i cambi marcia, le frenate ecc.), ma è anche concentrata sull'imminente partenza.

È il lavoro mentale che cerco di fare il giorno che precede la partenza. Preparare la valigia e mettere il contrabbasso nella custodia è in pratica la mia "checklist", mi mette nel giusto stato mentale: totalmente concentrato sul concorso.

Qualcuno penserà che questa sia la mia "coperta di Linus". Forse è vero. In ogni caso so con certezza che ogni cosa che mi porto mi tornerà utile un giorno o l'altro.

Ecco quello che dovreste portare con voi:

- **Acqua.** Portatela sempre con voi. Iniziate a bere due ore prima dell'esame. Non aspettate ad avere sete, continuate a bere.
- **Cibi energetici.** Un paio di banane. Una tavoletta di cioccolata in caso abbiate un calo di zuccheri.

- **Due archetti.** È dispendioso, ma se ve lo potete permettere io lo consiglio.
- **Metronomo e accordatore.** Utilissimi. Non dimenticate delle batterie di ricambio per l'accordatore.
- **Muta di corde e pece.**
- **Sordina.** È richiesta per l'esecuzione di alcuni "passi" e "a solo". Averla dimostrerà alla commissione esaminatrice di avere di fronte un ottimo professionista.
- **Spartiti.** Ricordatevi di portare tutte le parti, anche quelle del pianoforte. È buona norma portare anche alcuni volumi di "passi orchestrali".
- **Tappi per le orecchie.** Potrebbero rivelarsi utili in caso vi assegnassero una camera d'albergo rumorosa, oppure decidiate di dividere la stanza con un collega che russa.

Dopo aver fatto il nostro bagaglio e aver ricontrollato la nostra lista non ci rimane che fare un po' di stretching.

7

Stretching

Il 1984 fu per me un anno nero. Il prof. Tella, primario d'ortopedia dell'Ospedale di Casalmaggiore, mi diagnosticò un'*epicondilite* al gomito destro. Avere questa infiammazione all'epicondio non mi permetteva nemmeno di scrivere o di tenere in mano un bicchiere d'acqua; figuriamoci sostenere un arco da contrabbasso! Mi cadeva continuamente in terra nonostante avessi provato anche a cambiare impostazione, passando dalla francese a quella tedesca. Il rischio era pure di rompere l'arco! Così, a soli 19 anni, mi ritrovavo con cinque anni di vita buttati al vento e con l'unica alternativa di proseguire gli studi universitari e cercare, seguendo la tradizione di famiglia, di diventare un buon avvocato. Non era quello che avrei voluto!

La fortuna quella volta, mi fu d'aiuto. Il prof. Tella, oltre a prescrivermi le solite cure della medicina tradizionale (ionoforesi, radar terapia ecc.), mi regalò un libricino che mostrava alcuni esercizi di stretching, dicendomi che avrei dovuto eseguirli regolarmente se volevo tornare come prima e se volevo prevenire danni futuri.

Mi disse inoltre che avrei dovuto praticare dello sport, in particolar modo il nuoto. Ritengo il nuoto lo sport più adatto per noi musicisti perché, lavorando il corpo in assenza di peso, i muscoli producono meno acido lattico e non sono soggetti a microtraumi. Inoltre lo sport migliora l'intero benessere psico-fisico.

Non ringrazierò mai a sufficienza il dottore per la competenza dimostrata nel mettermi sulla giusta strada.

Dopo un periodo d'assoluto riposo durato un mese, mi misi al lavoro seriamente. Volevo tornare meglio di prima, sapevo quindi di dover fare gli esercizi con grande disciplina e intelligenza.

Il libricino, che ancora oggi conservo gelosamente come un portafortuna, fu il primo di una lunga serie, seguito anche da corsi yoga, alexander e sedute dal chiropratico.

Tutto questo bagaglio d'esperienze, mi ha permesso di sviluppare una routine di riscaldamento e di stretching che utilizzo sia nelle sedute di studio sia nei momenti che precedono un esame o un concerto.

Eppure Schumann, preso dal suo sogno di perfezione, a forza di esercitarsi al pianoforte per migliorare l'agilità e la potenza del quinto dito, rimase paralizzato all'anulare della mano destra. Succede più spesso di quanto non si creda che importanti carriere musicali conoscano spaventosi naufragi a causa di malattie, conseguenza dell'errata posizione del corpo rispetto allo strumento, "Quando gli Dei vogliono colpire, sanno dove colpire", disse una volta Leon Fleisher a un intervistatore. Nel 1965, ad appena 37 anni di età e all'apice della sua fortuna il grande pianista americano fu colpito da una patologia neurologica chiamata "distonia focale" che gli immobilizzò completamente due dita della mano destra per molti anni.

7.1 Il riscaldamento

Riscaldare alcuni minuti i muscoli del vostro corpo, prima di toccare lo strumento, non solo migliorerà le vostre abilità tecniche, ma eviterà quelle tensioni che portano inevitabilmente a danni seri.

Ideale, sarebbe un riscaldamento di almeno venti minuti ma, in mancanza di tempo, anche soli cinque minuti, come routine giornaliera, miglioreranno notevolmente il vostro benessere.

I primi tre minuti li utilizzeremo, attraverso movimenti dinamici, per riscaldare i nostri muscoli. I restanti due minuti, con movimenti statici, li stireremo (stretching). Importante è fare sempre gli esercizi dinamici per primi, così da avere i muscoli caldi per gli esercizi statici o di stiramento.

7.2 Esercizi dinamici

Tutto inizia dalle vostre gambe. È la parte del vostro corpo da cui dovrete iniziare il riscaldamento; al contrario di quello che pensano molti colleghi che riscaldano solamente le mani. Questi primi esercizi miglioreranno il flusso sanguigno, aumentando la temperatura anche nella parte superiore del corpo.

I primi movimenti dovranno essere eseguiti molto lentamente. Quello che dovrete fare è un po' di jogging. Potrete farlo nella stanza dove studiate abitualmente, movendovi in circolo o facendo piccoli saltelli sul posto. Ora, rimanendo in piedi fermi, potete sollevarvi sulle punte alzando i talloni. Abbassatevi e sollevate ora le dita dei piedi (appoggiatevi ad una sedia per mantenere l'equilibrio). Eseguite cinque volte. Questo è un esercizio molto utile soprattutto per le persone che passano molto tempo della giornata in piedi.

Se avete più tempo da dedicare al riscaldamento, potete aggiungere i seguenti esercizi.

- Fate un movimento rotatorio in senso orario con la scapola destra (da ripetere 10 volte). Il braccio deve rimanere rilassato lungo la vostra gamba. Ora fatelo in senso antiorario. Ripetete l'intero esercizio con la scapola sinistra. Per finire ripetete tutto, ma questa volta, muovete le scapole contemporaneamente.

- Adesso portate le spalle verso le vostre orecchie, mantenete la posizione poi, completamente rilassati, lasciatele ricadere verso il pavimento sfruttando la forza di gravità.
- Con questo ultimo esercizio portate entrambe le spalle davanti a voi (una di fronte all'altra). Mantenete la posizione per poi ritornare alla posizione di partenza. Ripetete l'esercizio portandole, questa volta, all'indietro. Ripetete tutto 10 volte.

7.3 Esercizi statici di estensione

Ora che abbiamo riscaldato bene i muscoli ci rimane ancora un po' di tempo per qualche esercizio di stiramento.

Partendo dalla posizione eretta, portate le mani dietro la schiena, iniziando gradualmente ad inclinare il busto in avanti. È fondamentale che la testa rimanga in linea con il busto. Mantenete la posizione per trenta secondi senza forzare. Rimanendo in posizione, piegate il ginocchio destro e tenete la posizione sempre per trenta secondi. Ripetete ora con il ginocchio sinistro. Ricordate sempre di non forzare le posizioni, pena il rischio di procurarvi gravi danni.

Un altro esercizio utilissimo per le braccia e la schiena, è quello di portare la mano sinistra dietro alla schiena, vicino alla scapola sinistra, mentre con la mano destra (passandola sopra alla testa) cercate di afferrare la mano sinistra.

Mantenete la posizione per trenta secondi. Ripetete dall'altro lato. Non vi preoccupate se le prime volte che farete l'esercizio non riuscirete a prendervi le mani. Con il tempo, praticando con costanza gli esercizi, diventerete molto più flessibili e anche il vostro modo di suonare ne trarrà giovamento.

Tali esercizi, prepareranno il vostro corpo ad affrontare al meglio il lavoro. Darete, ad esso, la possibilità di aiutarvi per una partenza al fulmicotone.

Tutto questo non vi porterà via che cinque minuti del vostro tempo.

Infine, per un migliore risultato, ripetete gli esercizi d'estensione (stretching) anche alla fine della vostra sessione di studio o dopo una prova di concorso. Questo è molto importante e vi aiuterà a rilassarvi e a superare la stanchezza.

Di seguito sono mostrati una serie più lunga d'esercizi (circa una trentina di minuti). Personalmente li eseguo almeno due o tre volte la settimana. Consiglio a tutti di metterli nel proprio piano di lavoro.

Foto 7.

1. Seduti sul pavimento, portate le mani dietro di voi, con il palmo rivolto verso il basso. Stendete le gambe in avanti, mantenendo le mani nella stessa posizione. Ora girate il palmo delle mani verso l'alto. Importante, è tenere le mani ad una distanza pari a quella delle spalle, queste devono rimanere basse e lontano dalla testa.

1 minuto con il palmo verso il basso, 1 minuto con il palmo verso l'alto.

Foto 8.

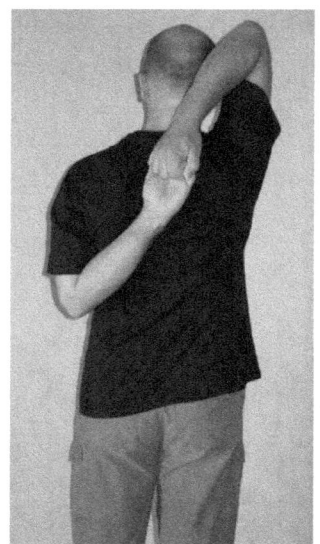

2. Mettete un braccio dietro la schiena. Stendete l'altro braccio sopra la testa e unite le dita delle mani. Nel caso non riusciste ad unire le mani, aiutatevi con una cintura.
1 minuto per lato.

Foto 9.

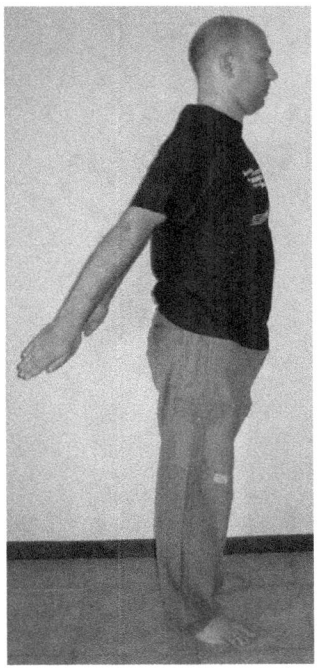

3. Stendete le braccia davanti a voi, le mani una di fronte all'altra. Mantenendole a questo livello, portate le braccia lentamente all'indietro. Mentre fate questo movimento, il collo e la testa dovranno rimanere fermi ma rilassati. Potete, come altra possibilità, usare gli stipiti di una porta. Afferrate gli stipiti all'altezza delle spalle, quindi spingi in avanti finché le braccia non saranno completamente tese.
1 minuto.

Foto 10.

4. Unite il palmo delle mani dietro la schiena; le dita sono rivolte all'ingiù. Ruotate i polsi e portate le dita ad essere rivolte verso l'alto. Ora spingete i gomiti all'indietro, le scapole all'ingiù e l'attacco delle mani uno contro l'altro.
1 minuto.

Foto 11.

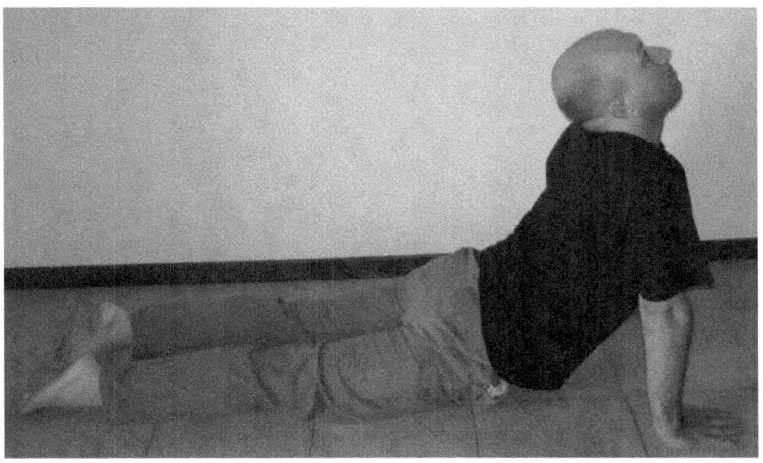

5. Distesi sul pavimento, appoggiate il palmo delle mani a terra vicino al torace. Inspirate profondamente e contemporaneamente sollevate la testa e la parte superiore del torace, piegate la schiena. Usate la schiena per eseguire l'estensione e le braccia come supporto. Espirate e abbassatevi.
1 minuto.

Foto 12.

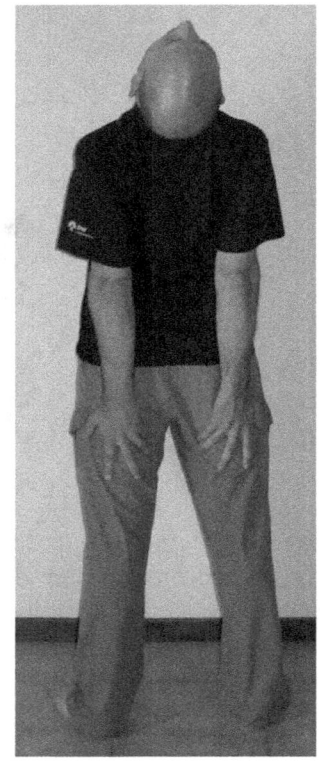

6. In piedi davanti alla parete. Spingete l'osso pubico contro la parete stringendo le natiche, una contro l'altra. Contraete i muscoli della schiena, lasciando cadere delicatamente la testa all'indietro, estendete i muscoli della gola. Spingete le spalle verso il basso dilatando così l'addome ed il torace. Ricordatevi di contrarre i muscoli dorsali, avvicinando le spalle e stringendo le natiche, per evitare di sentire dolore nella zona renale.
1 minuto.

Foto 13.

7. In piedi, gambe divaricate, braccia lungo i fianchi. Fate scivolare la testa di lato, facendola seguire dal busto. Mentre un braccio scivola lungo la gamba, l'altro si stende sopra la testa. Ora sollevate anche l'altro braccio unendo le mani.
30 secondi per lato.

Foto 14.

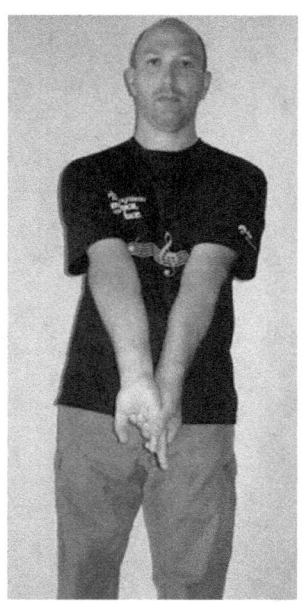

8. Le mani e i piedi, sono le zone dove maggiormente si localizzano rigidità, disturbi artritici e reumatici. Praticando regolarmente lo stretching delle mani, dei polsi e dei piedi, potrete prevenire disturbi fastidiosi e aumentare l'energia di tutto il corpo. Braccio in avanti, il palmo della mano rivolto all'insù. Aiutandovi con l'altra mano, ruotate il palmo all'esterno.
30 secondi per lato.

Foto 15.

9. In piedi con le gambe divaricate di 50 cm. Ora piegate le ginocchia accovacciandovi. Le ginocchia devono essere divaricate e i talloni aderenti al suolo.
1 minuto.

Foto 16.

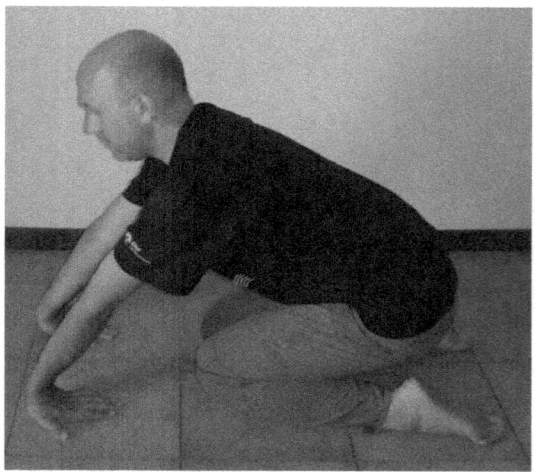

10. Mettete le mani sul pavimento con le dita rivolte in avanti. Ruotate le mani verso l'esterno fino a che non saranno rivolte verso di voi. Gomiti tesi e mani aderenti al pavimento.
1 minuto.

Foto 17.

11. In piedi con le gambe leggermente divaricate. Unite le mani dietro la schiena, quindi piegatevi in avanti. Non piegatevi assolutamente a livello della vita ma ai fianchi; avrete così la schiena diritta. Per aumentare l'estensione provate a dondolarvi mantenendo la posizione.
3 minuti.

11 A. Per concentrare l'estensione su di una gamba, piegate un ginocchio e scaricate il peso del busto sulla gamba distesa.
1 minuto per gamba.

Foto 18.

12. Inginocchiatevi e appoggiate le mani al suolo; la distanza dovrà essere quella delle spalle. Appoggiandovi sui piedi tendete le ginocchia. Premete sulle mani ed espandi il torace.
1 minuto.

Di seguito ecco alcuni esercizi per le dita delle mani, molto utili per aumentare la loro elasticità. Il tempo per ogni esercizio è di 10 secondi.

    a. Ruotate, aiutandovi con l'altra mano, entrambi i pollici. Prima in senso orario poi antiorario.
    b. Ruotate ogni dito in entrambe le direzioni.
    c. Piegate le articolazioni delle nocche.
    d. Piegate le articolazioni delle falangi medie.
    e. Piegate le articolazioni delle falangi superiori.
    f. Flettete il polso ed il pollice all'ingiù, verso l'avambraccio.
    g. Piegate all'indietro la prima falange d'ogni dito.
    h. Estendete all'indietro ogni dito (si devono piegare tutte e tre le articolazioni).

8

Lo scongelamento

La mia regola fondamentale è: *avere un piano*.
Ogni stadio del concorso, dallo studio fatto in casa fino all'ultima
prova finale, deve essere accuratamente pianificato. Questo vi aiuterà
a sfruttare a vostro favore le potenzialità che, di volta in volta si
presenteranno. Riconoscere queste potenzialità, vi darà un 80% di
possibilità di portare a casa un buon risultato. Un buon risultato non
è solamente la vittoria di un concorso, ma lo è anche un'idoneità o
una semplice segnalazione (soprattutto se siete alle prime
esperienze). Abbiate sempre presente questa massima di Lao Tzu:
"Each step is a victory"!

8.1 I due estremi

Una cosa che ho notato spesso, quando ci si riscalda nei momenti
che precedono l'esame, è che ci sono fondamentalmente due
approcci al warm-up: troppo o troppo poco. Inutile dirlo, secondo me
entrambi sbagliati. Spesso incontriamo candidati che si
riscalderebbero per una settimana intera. Sperano forse di diventare
improvvisamente dei grandi solisti? Non può succedere nel warm-
up. Hanno paura della commissione? Vogliono fare un po' di
ginnastica? In ogni caso, un warm-up fatto in questo modo è una
perdita di tempo e un'opportunità buttata alle ortiche. Provate a
pensare, se vi può essere d'aiuto, al momento in cui inserite del cibo

surgelato nel microonde e attivate la funzione "scongelamento". Il piatto è stato cucinato in precedenza, deve solamente essere riscaldato. Ecco, il vostro piatto è il periodo di studio fatto nei mesi precedenti ora, attraverso un buon warm-up dovete solamente portarlo alla giusta temperatura. Il warm-up è l'opportunità finale per avere una buona partenza una volta di fronte alla commissione. Una buona partenza si rifletterà su tutto il concorso. Fate un piano anche per questo stadio.

Un buon warm-up non dovrebbe essere troppo lungo:

- Continuate a riscaldare il vostro corpo e la mente con lo stretching, il piano pre-concorso e la visualizzazione.
- Fate cinque minuti di note lunghe, focalizzando l'attenzione sulla produzione del suono e sulla qualità.
- Ripetete lentamente, controllando l'intonazione, i punti più difficili. Tutto questo può durare all'incirca venti minuti.

Ricordate, non dovete impressionare gli altri candidati suonando tutto forte o con inutili virtuosismi. Seguite il vostro piano e rimanete rilassati.

A nessuno piace apparire non all'altezza di fronte ai colleghi e nemmeno di fronte a se stessi. Non imitate quelli che vogliono stupire i colleghi suonando solo i pezzi che a loro vengono bene, evitando accuratamente quelli che creano problemi.

Fate esattamente il contrario. Nel warm-up prestate più attenzione ai vostri lati deboli, è un'opportunità in più per lavorarci sopra. Questo farà la grande differenza.

Non impressionatevi da quello che sentite nel warm-up degli altri. Ricordate la seguente regola: spesso le cose migliori nel warm-up diventano le peggiori durante l'esame.

Un ultimo consiglio è di ascoltare con attenzione tutti i candidati, memorizzando le cose positive che potrete sentire o vedere.

9

Il nervosismo

Abbiamo trattato della paura del pubblico, spiegando che è un sistema di difesa, all'inizio di questo libro. Ora, tratteremo del nervosismo che compare soprattutto all'inizio di un concorso. Tutti noi, penso, abbiamo avuto almeno una volta quest'esperienza.

Diciamo subito che è naturale essere nervosi prima di un appuntamento importante come la prova eliminatoria di un concorso. Basta poco per buttare al vento mesi di studio. In queste situazioni però, se non sei nervoso hai perso in partenza. I musicisti di razza sono aiutati dai nervi, poiché riescono a prenderne la parte positiva e a controllarne quella negativa. Essi sanno che l'energia creata dal nervosismo può lavorare in modo positivo, rendendoli più forti nei confronti della stanchezza e con un'attenzione maggiore. Questa è la parte buona. La parte cattiva invece, causa gravi danni.

Il nervosismo incontrollato rende le vostre gambe e braccia pesanti, la testa vuota. Vi rende incapaci di pensare facendovi commettere errori stupidi. Quello che, un momento prima di entrare nella sala da concerto, era semplice ora è diventato improvvisamente difficilissimo.

Posso parlarne per esperienza diretta. I primi concorsi furono traumatici, ero letteralmente paralizzato dalla paura. Mi è rimasto un ricordo indelebile di quelle esperienze negative che, però, mi hanno dato una forza incredibile per reagire. Se durante il warm-up sento arrivare il nervosismo adotto alcuni piccoli esercizi che mi aiutano a rilassarmi.

9.1 Concentrazione attraverso la respirazione

Nel momento in cui il nervosismo prende il sopravvento, il vostro ritmo respiratorio cambia. Ipso facto è la prima cosa che dovrete controllare. Il ritmo del respiro vi darà il livello raggiunto dall'ansia. Più veloce sarà il respiro maggiore sarà il grado d'ansia. Se il vostro modo di respirare è corto e rapido la mente sarà agitata, se la respirazione è irregolare la mente sarà in preda all'ansia. Al contrario se la respirazione sarà lenta, regolare e profonda, la mente raggiungerà in modo graduale uno stato d'assoluta tranquillità. Ricordatevi, il respiro è l'anello di congiunzione tra il corpo e la mente. Importante è che controllando il ritmo respiratorio controllerete l'ansia. Ogniqualvolta sarete in preda all'agitazione, controllate il vostro respiro, inspirando ed espirando lentamente in modo ritmico. Personalmente, prima di entrare, faccio alcuni respiri profondi. Mi assicuro, così, di respirare in modo corretto riducendo il nervosismo.

Per la concentrazione passiva vedremo nel paragrafo seguente i sensi della vista e dell'udito. Adesso usiamo un principio più raffinato. In ogni caso lo scopo di tutte queste tecniche è lo stesso: calmare la vostra mente. Per fare questo ricorreremo ad un esercizio yoga chiamato *la respirazione completa*.

- Mettetevi in posizione eretta con le braccia distese lungo i fianchi. Espirate dal naso, svuotando completamente i polmoni.
- Inspirate lentamente dal naso contando sino a dieci; mentre inspirate spingete in fuori prima l'addome e poi il torace.

- Mentre inspirate dovete portare lentamente le braccia sopra la testa sollevandovi sulle punte dei piedi. Contate sino a dieci per completare questi movimenti. Arrivati al numero dieci unite il palmo delle mani sopra la testa. Rimanete in questa posizione per alcuni istanti.
- Espirate, sempre lentamente dal naso, contando sino a dieci, contemporaneamente abbassate lentamente le braccia e appoggiate i talloni per terra. Ripetete quest'esercizio senza pause dieci volte. Potrete eseguirlo anche da seduti senza il movimento delle braccia.

La respirazione a narici alternate

- Mettete l'indice ed il medio della mano destra tra le sopracciglia; respirate profondamente da entrambe le narici.
- Chiudete la narice destra con il pollice, inspirate lentamente dalla narice sinistra contando sino a dieci.
- Trattenete il respiro per dieci secondi (tutte e due le narici devono essere chiuse).
- Liberate la narice destra ed espirate lentamente; contando sempre sino a dieci.
- Tenendo la narice sinistra chiusa inspirate lentamente dalla destra. Contate sino a dieci. Chiudete entrambe le narici trattenendo il respiro per dieci secondi.
- Liberate la narice sinistra, contando fino a dieci espirate lentamente. Ripetete da capo tutto l'esercizio dieci volte.

Questi esercizi vi saranno di grande aiuto, esercitando un benefico influsso su tutte le funzioni dell'organismo. Riacquisterete la vitalità, liberandovi dalla stanchezza. Migliorerete, inoltre, la chiarezza e la prontezza di mente.

9.2 La meditazione

Per sviluppare le qualità mentali è necessaria la meditazione. La mente è qualcosa che si può trasformare, la meditazione è un mezzo per riuscirci. La meditazione è l'attività che permette alla mente di familiarizzare, di fare conoscenza, con un nuovo significato. Concretamente significa prendere dimestichezza con l'oggetto della meditazione.

Per meditare sul respiro, sedetevi comodamente socchiudendo le palpebre, lasciando piuttosto una piccola fessura. Non chiudete completamente gli occhi per evitare di addormentarvi!

Iniziate con la respirazione completa: espirate lentamente, svuotando completamente i polmoni. Inspirate, sempre lentamente, prestando attenzione all'aria che entra dalle narici. Cercate di visualizzare tutto il percorso che l'aria compie nel vostro corpo. Trattenete il respiro per cinque secondi. Ora espirate lentamente, visualizzando il percorso inverso compiuto dall'aria. Mantenete la mente sempre concentrata sulla respirazione, ogniqualvolta si distrarrà cercate di riportarla nuovamente a concentrarsi. Continuate questo tipo di meditazione per un massimo di cinque minuti.

9.3 La candela

All'inizio del warm-up, quando l'ansia inizia a farsi sentire, io utilizzo un altro piccolo trucco per sconfiggerla. Fisso un piccolo oggetto, una figura in un giornale, un disegno nella mattonella del pavimento, qualsiasi cosa attiri la mia attenzione. Quest'esercizio, distrae la mia mente cancellando un problema. L'ansia, non è ciò a cui voi dovete pensare. Il disegno della mattonella, ad esempio, è l'oggetto al quale rivolgere la vostra attenzione.

Nella concentrazione si usano tutti i sensi. Nel momento in cui ne scegliamo uno, tutti gli altri passano in secondo piano. La vista è il senso più sviluppato, (per noi musicisti il più sviluppato dovrebbe essere l'udito), quindi iniziamo degli esercizi con gli occhi. La concentrazione attraverso gli occhi è di due tipi: interna ed esterna. Per la concentrazione esterna utilizzate un qualsiasi oggetto che vi piace, un disegno, un vaso ecc. Sedetevi in una posizione comoda e fissate l'oggetto che vi attrae. Mantenete lo sguardo sull'oggetto senza lasciarvi distrarre. Per mantenere la concentrazione, notate i vari aspetti dell'oggetto come il colore, l'uso cui è destinato, la forma ecc. Concentratevi solo sui vari aspetti dell'oggetto senza lasciarvi distrarre da altri pensieri. Vi accorgerete di quanto sia difficile avere una tale concentrazione anche per pochi secondi. La mente si muove rapidamente e continuamente, mantenendovi in uno stato d'incertezza e disorganizzazione. Per la prima volta noterete quanto poco controllo abbiamo su di essa.

Ogni qualvolta vi renderete conto che la vostra mente ha deviato su altri pensieri, cercate di riportarla sull'oggetto con fermezza. All'inizio, questo tipo di concentrazione, probabilmente non vi riuscirà per più di una ventina di secondi. Non vi disperate, esercitandovi con costanza arriverete ai tre minuti prescritti per questo esercizio. Cercando di cambiare le abitudini della vostra mente, essa si ribellerà utilizzando le sue armi migliori cioè la stanchezza e la pigrizia. Diventate voi i padroni, non permettetele di fare a suo modo.

Per calcolare i tre minuti dell'esercizio, determinate ad occhio quanto tempo è passato. Non guardate continuamente l'orologio, sprecherete secondi preziosi.

Tale tipo di concentrazione può essere eseguito anche in maniera attiva. Allorché vi trovate su di un autobus o in una sala d'attesa di un concorso, potete esercitarvi semplicemente fissando un punto nel vuoto cercando di concentrarvi. Ricordatevi che nessuno vi può aiutare a rafforzare e concentrare la vostra mente, lo dovete fare assolutamente da soli.

Un'altra tecnica molto antica sempre basata sulla vista è chiamata "concentrazione sulla candela". È una tecnica molta rilassante attraverso la quale ci si concentra sia esternamente sia internamente. Sedete comodamente ad un metro circa da una candela accesa. Fissate la fiamma, continuando a sbattere le palpebre, per tre minuti. Poi chiudete gli occhi premendovi contro il palmo delle mani. Cercate di conservare le immagini della fiamma. Tutte le volte che l'immagine scomparirà dovrete cercare di riportarla indietro senza lasciarvi distrarre da altri pensieri. Tenete il palmo delle mani contro gli occhi per un paio di minuti circa.

Ora, per concentrarci, useremo un senso a noi più utile: l'udito. Come abbiamo già visto con la vista anche per l'udito si può avere una concentrazione esterna ed una interna.

Per usare la concentrazione esterna scegliamo un suono di nostro gradimento. Potete utilizzare qualsiasi musica che a voi piace particolarmente, ma potete usare anche dei suoni della natura come il canto di un uccello, lo stormire delle foglie o il suono di un ruscello. Anche per questo esercizio alla vostra mente non sarà permesso deviare. Tutti gli altri sensi saranno messi temporaneamente in stand-by. Ogniqualvolta vi accorgerete di pensare ad altro, riportate la mente al suono prescelto, tranquillamente ma con fermezza.

Sedetevi comodi socchiudendo gli occhi (ripeto socchiudendo onde evitare che vi possiate addormentare). Ascoltate un brano musicale non troppo lungo (cinque minuti sono più che sufficienti). I pezzi che suonerete al concorso potrebbero essere una buona idea. Ascoltate la musica molto attentamente, evitando che essa evochi immagini che potrebbero distrarvi. Non dovreste avere pensieri. Cercate, invece, di trasformarvi in uno strumento musicale attraverso il quale essa possa scorrere. Vi accorgerete di non ascoltare o analizzare nel solito modo, ma sarete il suono stesso.

Il metodo di concentrazione interna attraverso l'orecchio è molto più complicato, ma per un musicista è fondamentale. Raccomando vivamente di esercitarsi in questa tecnica, vi porterà grandi benefici.

Sedetevi in un luogo molto tranquillo e cercate di sentire il suono che è dentro al vostro orecchio. Per raggiungere questa esperienza dovrete estraniarvi completamente dal mondo esterno. Trovate dentro di voi questo suono che è simile a quello che sentite nelle conchiglie. Perderete facilmente l'attenzione su questo suono, non disperate e cercate di arrivare ai cinque minuti di questo esercizio. Ogni volta che vi distraete riconducete la mente al vostro suono. Questo è un tipo di concentrazione passiva, richiede quindi d'essere molto tranquilli per avere buoni risultati.

Allorquando sarete diventati padroni di questa tecnica, potrete utilizzare l'orecchio interno per cantare dentro di voi i brani che eseguirete in un secondo momento.

9.4 Cantare?

Mi libero dall'ansia mettendomi a cantare. Il canto aiuta la respirazione equilibrandola. A volte cantare (mi raccomando non a squarciagola) può aiutare la concentrazione nei primissimi minuti dell'esame, quando il nervosismo rischia di prendere il sopravvento (ricordate i filmati di Glenn Gould?). La prossima volta che vi troverete a dover affrontare un esame ed il nervosismo sopraggiunge, provate con questi esercizi:

- Fate respiri lunghi e profondi, in modo ritmico.
- Fissate un oggetto di vostro gradimento.
- Cantate.

Sicuramente vi starete già chiedendo: come posso suonare se devo pensare al respiro, a cantare e magari fissare un oggetto?

Personalmente alterno le varie tecniche, a seconda di come mi sento in quel momento. Utilizzo la lista per calmare i nervi durante il warm-up o l'esecuzione, iniziando sempre dalla respirazione. È importante per me averla sotto controllo subito, prima che possa causare danni.

Alcune persone, nella vita mi sono imbattuto solamente in un paio d'esse, hanno un approccio completamente diverso al nervosismo, un'attitudine unica alla pressione. Dal loro punto di vista la pressione rappresenta un'opportunità.

Quante opportunità ci sono, partecipando al concorso di Ginevra o al concorso dei Berliner Philharmoniker? Moltissime. Le leggende e le carriere sono create là. Quanta pressione? Massima.

Queste persone vedono le opportunità. Non si lasciano sopraffare dalla pressione. Esse sanno, che dalle situazioni con molta pressione possono trarre i più grandi vantaggi per la loro carriera. Tali individui hanno molta autostima, non hanno dubbi su chi può essere il vincitore. Non solo pensano che possono vincere grazie alle loro indiscusse qualità, ma soprattutto possono vincere anche grazie ai loro punti deboli[5]. La finale al concorso di Ginevra o all'ARD di Monaco è per loro la cosa più naturale e divertente. Per le restanti persone non è così naturale.

La preparazione mentale, l'equipaggiamento, lo stretching, il warm-up e tutto quello che avete letto nei capitoli precedenti, vi daranno le basi per il miglior inizio di concorso. Sarete forti fisicamente e mentalmente.

---

[5] Un esempio ci viene dal ciclismo, dove ad un passista che vuole vincere il Tour de France non gli basta vincere le cronometro (suo terreno ideale), ma deve soprattutto essere competitivo nelle tappe di montagna (il suo punto debole !).

Fondamentale è di non partire a tutta, di non voler strafare. I nervi, la commissione, nuove condizioni ed altri fattori quasi sempre rendono impossibile essere al massimo nei primi istanti di un concorso. Il giusto metodo è di partire quindi al 75-80% delle proprie possibilità, è importante non commettere errori all'inizio. Una volta che il corpo e la mente si saranno acclimatati potrete spingere sull'acceleratore.

Provate i miei consigli, funzionano veramente!

9.5 Il pit stop

Dopo che avrete suonato il primo brano (sia esso uno studio o il primo movimento di un concerto), fate un pit stop, prendetevi una pausa. Non abbiate fretta di ricominciare, la pausa vi serve per pensare. Per questi momenti ho un motto personale T.Y.T., sarebbe a dire: "Take your time. Non correre. Non commettere stupidi errori." Un concorsista intelligente, costantemente pensa come migliorare le proprie possibilità di successo. Pensa sempre. Analizza costantemente cosa sta accadendo. Utilizzate questi pochi istanti per fare il punto della situazione, sfruttate questa opportunità. Rivedete la vostra strategia. Che cosa voglio che succeda? Che cosa voglio che non succeda?

Tutte le tecniche che abbiamo sin qui preso in esame: lo sretching, la respirazione completa, il warm-up, l'alimentazione ecc., sono tutte tessere di uno stesso mosaico. Presa ognuna singolarmente può sembrare di scarsa importanza nel vostro processo di miglioramento. Tutte insieme però, vi permetteranno di fare un vero e proprio cambio di categoria, ne rimarrete meravigliati.

Credo che i grandi solisti, siano grandi anche perché sono coscienti dei loro punti deboli. Naturalmente, essi sanno quello che possono fare. Ma ancora più importante, sanno quello che non possono fare.

Il mio pensiero fondamentale è questo: posso vincere quel determinato concorso per l'ottima preparazione tecnica che ho acquisito nei mesi precedenti. Ma più di questo, lo posso vincere per il duro lavoro mentale che ho svolto. Nel momento in cui poi arriva il momento di presentarsi davanti ad una commissione, il mio pensiero è che per la maggior parte delle volte, se vinco o perdo, tutto dipende da me.

9.6 Essere il trainer di se stessi

Durante un concorso si è da soli, senza nemmeno l'aiuto dell'amato maestro. Voi dovete essere il vostro maestro, il vostro trainer. Dovete dire a voi stessi, cosa sta succedendo e cosa volete che accada.

Dico questo perché il tempo che intercorre tra una prova e l'altra è un periodo molto importante, da capitalizzare nel migliore dei modi. Un periodo in cui è importante non rilassarsi; dove molto può essere fatto, nel bene e nel male, dal punto di vista psicologico. Se sapete questo e rivedete il vostro piano potrete capitalizzare questi momenti.

Io faccio esattamente questo. Mantengo la mia mente sempre concentrata sul concorso. Non voglio rilassarmi dopo che ho superato la prova eliminatoria. Non devo pensare: "Okay, la prima è andata, ora posso rilassarmi un attimo". No, non voglio godermi il momento. Devo essere concentrato e preoccupato per la prova successiva. In questi casi si deve adottare la tattica del boa costrittore. Sapete come il boa costrittore uccide le proprie prede? Le soffoca. Ogni volta che la vittima espira, il boa aumenta un poco la stretta. In questo modo la vittima inspira sempre meno, alla fine non inspirerà più. Questo è l'approccio. Non si deve forzare e nemmeno si deve essere impazienti. Si stringe un poco per poi stringere ancora di più.

La nostra mente, dopo un andamento positivo, si regolerà in modo da sentire meno pressione e quindi lavorare con minore intensità. Questo perché la pressione non ci piace, ci fa sentire a disagio. Così, dopo aver superato la prima prova io inizio a pensare: "La prossima non sarà così facile. Devi lavorare sodo. Non ti basterà fare quello che hai appena fatto". In pratica quello che faccio è mentire a me stesso. Vi assicuro che funziona.

Alcune persone quando devono suonare di fronte ad una commissione iniziano a suonare in modo aggressivo. Per la maggior parte di noi, suonare in modo più aggressivo aumenta il rischio di commettere errori. Il mio obbiettivo è invece quello di mantenere lo stesso livello, migliorandolo. Quello che voglio dire è che non lavoro sull'aggressività, ma sulla consapevolezza e concentrazione. Non voglio cambiare il mio modo di suonare. Voglio lavorare sulla mia mente per rimanere sul sentiero già tracciato.

Nel momento in cui ho bisogno di sentirmi più forte psicologicamente, magari prima di una finale importante o dopo una prova un po' sottotono, faccio alcuni cambiamenti nel vestiario. Di solito indosso una maglia nuova. Questo piccolo cambiamento, che potrebbe sembrare insignificante, azzera il passato dandomi la sensazione di un nuovo inizio, di un'altra partenza.

Un'altra sicurezza psicologica me la danno le scarpe che ormai uso da vari anni. Raramente non le ho portate con me in un'audizione o in un concorso, quando non le ho avute mi è andata male. Forse è scaramanzia, in ogni caso io ci credo.

9.7 Come migliorarsi

La chiave per un continuo miglioramento non consiste in uno sterile studio. Molti musicisti, non fanno altro che suonare per ore i brani di musica dall'inizio alla fine senza interruzione. Tale modo non porta ad alcun miglioramento. Le lacune non sono risolte.

Durante le ore del vostro esercizio quotidiano dovete avere uno scopo. Siate metodici nell'isolare i problemi che avete incontrato durante i concorsi precedenti, lavorate su ogni singolo problema cercando di risolverlo. Lavorare anche una mezz'ora un paio di volte a settimana su una singola battuta vi permetterà di fare un incredibile miglioramento.

Ecco alcune regole fondamentali per un sicuro miglioramento.

- Suonate a tempo! Non imitate quelli il cui modo di suonare sembra l'andatura di uno zoppo.
- Non strimpellate! Suonate sempre con il massimo dell'attenzione.
- Suonare troppo lentamente, oppure correre, sono errori ugualmente gravi. Evitateli.
- Dovete conoscere i pezzi non soltanto con le dita, ma soprattutto saperli cantare dentro di voi senza l'uso di uno strumento. Sforzatevi di cantare senza l'ausilio di uno strumento, vi aiuterà a migliorare la precisione dell'orecchio.
- Praticate il canto corale. È la migliore scuola per l'educazione dell'orecchio ed inoltre insegna a respirare ed a fare musica d'insieme. Lo consiglio vivamente anche a molti professionisti che suonano in orchestra!
- Non vi preoccupate di chi vi ascolta.
- Se vi sentite stanchi dopo ore di studio, riposatevi. Non costringetevi allo studio forzato; meglio riposarsi e lavorare a mente fresca.
- Non puntate mai sul virtuosismo! L'agilità ha senso solo per raggiungere scopi superiori. In ogni pezzo cercate di mettere in evidenza le volontà del compositore.
- Siate diligenti nello studio della tecnica. Molti, pensano di diventare dei virtuosi esercitandosi parecchie ore al giorno e per tanti anni nella tecnica. Sarebbe come recitare l'alfabeto

tutti i giorni sempre più veloce. Impiegate il vostro tempo in altro modo.

- Cercate di frequentare i colleghi che hanno più esperienza di voi. Ricordatevi che non avete inventato nulla che non lo abbiano inventato altri prima di voi. <u>Siate modesti.</u>
- Essere diligenti e perseveranti vi farà salire molto in alto.
- <u>Imparate tutto ciò che potete; non si è mai imparato abbastanza.</u>

10

Perché arrabbiarsi?

Arrabbiarsi è una cosa buona? Diciamo subito che una collera incontrollata distruggerà il vostro lavoro. Una collera con giustificati motivi ed incanalata nel modo migliore può tornare a vostro favore.

Essere duri con se stessi dopo uno stupido errore durante un'esecuzione può tornare utile. È il lavoro che svolge l'allenatore con la squadra o con il singolo atleta. Diventiamo gli allenatori di noi stessi! Attenzione però, dovrete dimenticarvene appena successo. Guardate sempre di fronte a voi. Non potete guardare indietro e avanti contemporaneamente. La conseguenza se avete commesso un errore, o il pianista accompagnatore vi ha creato qualche difficoltà magari staccando male un tempo (ahimè a volte succede), è la distrazione ed essa provoca errori sia fisici sia mentali. Non permette alla mente di focalizzarsi su quello che sta succedendo.

Ricordo che nel '94, mi presentai alla fase eliminatoria di un concorso per primo contrabbasso di una nota orchestra italiana. Il suddetto concorso si teneva in un vecchio cinema oramai in disuso. Il problema non era l'acustica secca della sala, ma era che per scaldarsi noi candidati avevamo a disposizione uno sgabuzzino di soli 3m². Il che significava potersi scaldare solamente uno per volta, cinque minuti prima di entrare. Arrivato il mio momento di riscaldamento accadde un imprevisto che inizialmente mi fece arrabbiare moltissimo. Il collega, nonché amico, che doveva suonare prima di me, mentre usciva dallo sgabuzzino riuscì ad impigliare le chiavi del suo contrabbasso, scordandolo, nella tenda che fungeva da porta dello stesso sgabuzzino. Decise all'istante che sarebbe entrato in un secondo tempo. La segretaria, quindi, m'invitò ad entrare al suo posto. Come ho già detto, in un primo momento mi feci sopraffare dall'ira poi, visto che non c'erano alternative, entrai senza nemmeno aver suonato una nota, solamente il tempo di accordare. Per fortuna riuscii a calmarmi subito e a trovare una concentrazione maggiore. Devo dire che quella volta mi andò bene, infatti, in quel giorno passammo la fase eliminatoria solamente in due. Purtroppo per il mio amico, nonostante avesse avuto modo di riaccordare e di scaldarsi, non fu altrettanto fortunato.

Una collera controllata quindi, può diventare quel qualcosa in più per aumentare la vostra attenzione. Imparate ad usarla e a controllarla senza averne paura, ma soprattutto, non fate in modo che sia lei a controllarvi. Il difficile è essere controllati fuori controllo. Potrebbe sembrare un controsenso, o soltanto un uso della forma retorica dell'antitesi, ma come vedremo nel prosieguo non lo è.

Imparate a riconoscere il momento in cui l'ira inizia a salire. Di solito, essa nasce prima che voi vi accorgiate. In questi casi dovete, con grande disciplina, comandare le emozioni naturali con l'uso della ragione. È importante incanalare l'ira verso un motivo specifico. Ho stonato alcune note? Un passaggio è stato poco chiaro? Ho avuto un vuoto di memoria? Il pianista accompagnatore ha attaccato il pezzo troppo veloce o troppo lento? Capire la causa aiuta a risolverla. Chiedetevi: cosa sta succedendo? Che cosa posso fare per cambiare la situazione attuale?

Se il problema è sorto con il pianista, invertite il negativo in positivo. Non pensate: "Perderò il concorso per colpa sua. Questo tempo mi metterà in difficoltà. Sto facendo una pessima figura". Imparate a controllare gli eventi, esercitate una pressione sul vostro accompagnatore, imponetevi col vostro modo di suonare e vedrete che lui vi asseconderà. Dovete essere voi a guidare. Vi dirò di più, nella mia esperienza mi è capitato più volte di incontrare giurie che hanno valutato molto positivamente il mostrare personalità da parte del candidato.

Attenzione quindi all'ira. Essa può veramente compromettere la vostra prova. Se dovesse diventare un problema, cercate di canalizzarla, pensate a cosa fare e non a cosa avete fatto. Spostate la vostra attenzione su qualcos'altro.

10.1 Ogni volta è un concorso

Molte delle idee contenute in questo trattato, richiedono molta costanza perché siano prima assorbite e poi applicate. Ma se veramente volete migliorare il vostro rendimento ai concorsi, provate a farle vostre e noterete risultati impressionanti.

Tutte le volte che dovete imparare un brano nuovo (sia esso un concerto o un passo orchestrale), o volete ristudiarlo, applicatevi come se fosse la preparazione per un concorso. Lavorate per diventare musicisti più consapevoli. Molto, di quello discusso in questa parte del libro, coinvolge l'attenzione mentale: riconoscere le opportunità, analizzare le opzioni, capitalizzare le opportunità con la migliore delle opzioni. Riconoscere. Analizzare. Capitalizzare.

Ho preferito, nel lavoro che ho fatto su me stesso, focalizzarmi sulla parte sinistra del cervello. Essa funge da amministratore, stabilendo le priorità; fondamentale nel mio approccio al concorso. Utilizzando questo metodo, diventerete più abili a riconoscere le opportunità e a sfruttarle. Potrete vincere più concorsi sfruttando maggiormente la parte sinistra del vostro cervello.

Per il suo lavoro, l'artista deve utilizzare entrambe le parti del cervello e non solamente una. Si avrà quindi, la combinazione della mente creativa e spontanea con l'approccio analitico che coinvolge il calcolo e l'osservazione.

Acquisire queste nuove tecniche mentali per poterle poi sfruttare, richiede un grande sforzo: essere diligenti, desiderarlo e soprattutto applicarsi.

Prima di entrare per la vostra prova d'esame assicuratevi d'essere pronti mentalmente e fisicamente. È un primo vantaggio, un'opportunità da capitalizzare. Di solito è un'opportunità persa.

- Preparazione mentale pre-concorso: pensare ad un piano, prima di entrare per l'esecuzione.
- Equipaggiamento: può esservi di grande aiuto oppure mettervi in difficoltà.
- Stretching: riscaldate prima i muscoli e poi fate un po' di stiramenti. Vi sarà di grande aiuto per la vostra prestazione e in più vi proteggerà da danni gravi come tendiniti, epicondiliti ecc.
- Imparate dalle "leggende": osservate attentamente i "miti" (ogni epoca ha i suoi) che si presentano ai concorsi, cercando di carpirne i segreti.

Ricordatevi che gli errori da non commettere assolutamente sono:
1. Non pensare a quello che si sta suonando.
2. Fare le cose troppo velocemente.

11

Le mie regole auree

11.1 Avere un piano

Un cattivo piano è meglio di nessun piano. Un cattivo piano può essere migliorato da un musicista intelligente. Il risultato sarà un piano migliore. Preparate un piano per la vostra preparazione mentale, per lo stretching e per il warm-up. Sappiate in ogni momento quello che state facendo.

11.2 Non correre

Pensate, osservate, analizzate. Utilizzate anche la parte sinistra del cervello nel vostro modo di fare musica. Non ruzzolate nel pezzo. Prima di iniziare pensate al ritmo, al fraseggio musicale, pensate e continuate a pensare.

È impressionante notare quante persone non sfruttino appieno il loro talento musicale limitando l'utilizzo della mente. Imparate a riconoscere i vostri punti forti e i punti deboli. Potrete trasformare le debolezze in forza.

In conclusione, voglio dirvi una cosa: il modo per avere un ragguardevole miglioramento nel più breve tempo possibile, è di saper cogliere e sfruttare tutte le opportunità che vi si presenteranno in ogni occasione. Guadagnerete un vantaggio da queste opportunità. Grandi e piccole opportunità. Soprattutto le piccole, sono sottovalutate spesso per pigrizia, a volte per ignoranza. Sviluppando il potere di osservare e di analizzare otterrete un miglioramento del 20 percento almeno.

N. D. V.

Conclusioni

Penso di essere arrivato ad un punto in cui sia ragionevole concludere questa mia introduzione alla filosofia del contrabbasso. Sottolineo è la *mia* conclusione, non *la* conclusione, in proposito si può e si deve senz'altro dire molto di più. Vi sono ulteriori argomenti che potrei affrontare, partendo da qui. Tuttavia, a un certo punto un libro deve pur terminare. Coloro i quali fossero motivati ad approfondire l'argomento, dovranno trovare il loro finale. Ma prima di concludere definitivamente voglio dare ai miei pochi ma attenti lettori un piccolo, ma credo saggio avvertimento. *Non crediate a nulla di quello che ho scritto.* Questa è un'introduzione alla mia filosofia del contrabbasso. Penso che molte delle idee qui esposte non possano godere di un consenso generale. A supporto di quanto detto permettetemi una citazione tratta dal *Fedone* di Platone, in cui, secondo quanto Platone fa dire a Socrate, questi scongiura i suoi discepoli di pensare da sé, dopo la sua dipartita. "[...] Se poi vi sembrerà che io dica il vero, mi darete ragione; altrimenti, dovrete opporvi con ogni vostro argomento, facendo bene attenzione che io, per troppo zelo, ingannando me e voi insieme con me, non fugga via come fa l'ape, lasciando infitto il pungiglione."[6]

---

[6] Platone, *Fedone*, 91C, trad. it. di G. Reale, Rusconi, Milano 1997, p. 205.

Appendice

Nutriamoci in modo corretto

In questa ultima parte, vorrei affrontare il problema della nutrizione, in modo da sfruttare appieno le energie del nostro corpo. Vorrei sottolineare che questo testo non ha alcuna valenza scientifica, ma è nato da vari colloqui avuti con amici medici e, soprattutto, dal buonsenso. È sempre opportuno ricordare che, per problemi legati alla nutrizione, ci si deve assolutamente affidare ad un buon dietologo o nutrizionista. Tali energie, una volta riattivate, modificheranno il nostro organismo dandogli maggior vigore. Diventeremo individui più realizzati, liberandoci da vari complessi. Il nostro corpo è come un'automobile. Immaginiamo di avere una Ferrari dodici cilindri il cui motore funziona a tre. Avremo comunque una Ferrari, ma con le prestazioni di una Panda. Come un buon motore, il nostro organismo ha bisogno di cure che si traducono in una dieta sana ed equilibrata. Chiunque sia veramente interessato a migliorare il proprio corpo e mente, si accorge presto o tardi, quanto un'alimentazione corretta giuochi un ruolo fondamentale.

Tutti noi esseri viventi abbiamo bisogno di ricevere energia per il nostro sostentamento. Maggiore è l'*energia vitale* (*prana* è chiamata nella filosofia yoga), migliore sarà il modo di vivere. Nel momento in cui avremo una carenza di quest'energia il nostro corpo ricorrerà ai ripari facendoci sentire gli stimoli della fame e della sete, oppure del sonno.

Il concetto psicologico di *energia vitale* si differenzia dal concetto fisico di energia, dalle manifestazioni tipiche dell'energia come l'elettricità o la gravità. L'espressione *energia vitale* la possiamo dividere in molte esperienze distinte anche se sarebbe più corretto parlare di varianti di un'unica esperienza energetica. Ne cito alcune: esperienza dell'impulso vitale, esperienza della tensione e della distensione, esperienza del blocco di energia vitale a causa di complessi psichici o di tensioni muscolari, esperienza della ripresa della energia che viene dopo un'assenza di stimoli, esperienza della risonanza (suono, vibrazioni). La parola energia deriva dal greco antico *energia,* termine coniato dal filosofo Aristotele e che significa ciò che agisce.

Dove possiamo ricorrere per il nostro fabbisogno di energia vitale? Molti ricorrono a stimolanti quali la caffeina, o peggio ancora l'alcool e/o droghe, i quali danno un notevole overboost. "Non imitateli!" Tutte queste sostanze provocano sensazioni illusorie di benessere. E, quel che è peggio danneggiano, talvolta in modo irreparabile, il fegato, il cuore, il cervello ed il sistema nervoso.

Facciamo un esempio banale. Se dovessimo entrare in una stanza piena di gas, il nostro impulso ci porterebbe ad aprire immediatamente una finestra. È il nostro istinto di sopravvivenza; avvertiamo che l'energia vitale si esaurirà presto, mettendo in serio pericolo la nostra vita. Anche quando ci troviamo in mezzo al traffico e respiriamo lo smog, riusciamo a capirne la differenza con l'aria che respiriamo in alta montagna. Infatti, tutte le volte che vogliamo ossigenare i polmoni, e quindi incamerare più energia vitale, usiamo l'espressione "andare a respirare un po' d'aria buona".

Anche per il sonno, il nostro corpo ci dice quando è ora di andare a dormire. Prendete, per esempio, i bambini che si addormentano anche mentre mangiano. Il nostro corpo ci avverte nel momento in cui l'energia vitale entra in riserva e dobbiamo fare il pieno. Se dormiamo il numero giusto di ore (che può variare da persona a persona), ci svegliamo pieni di energie, pronti per affrontare una dura giornata di lavoro. Molti di noi, al contrario, ignorano i segnali del corpo perché pensano che ci siano cose più importanti da portare a termine. In breve, tutto questo si tradurrà in un'incapacità di concentrazione, stanchezza, nervosismo e insonnia. Questo è quanto accade a chi non ascolta il campanello d'allarme dato dalla nostra energia vitale. Importante è monitorare il proprio corpo per captare tutti i messaggi che invia.

Siamo ora a conoscenza di come si possa mantenere un buon livello di energia vitale con il sonno e la respirazione. Ma non è sufficiente. Il corpo prende molta energia dagli alimenti. Gli effetti di una cattiva alimentazione si vedono nel lungo termine. Difficilmente poi, nel momento in cui uno si ammala, lo collega ad una dieta sbagliata protratta per anni. Anni in cui, in silenzio, il corpo ha lottato, attingendo da ogni parte energia vitale per sconfiggere la malattia.

Importante, nella società attuale dove si consumano poche calorie, introdurre piccole quantità di cibo. Ridurre l'apporto calorico allunga la vita e la migliora, a patto, però, che i cibi siano di ottima qualità. Non vorrei essere frainteso, non tutte le malattie derivano da una cattiva alimentazione, ma con una dieta corretta molte potrebbero essere evitate. Ormai sono numerosi gli studi che avvalorano tali affermazioni.

Come dicevo all'inizio di questa appendice, queste informazioni sono solo un'aggiunta al presente volume. Per ogni dubbio, o se state già seguendo una particolare dieta, dovete assolutamente seguire il parere del vostro medico.

In ultimo vorrei dissipare alcuni dubbi. Non è mia intenzione privarvi del piacere del cibo, sono io il primo a non rinunciarvi, o di proporvi un'alimentazione spiacevole.

È possibile che vi sentiate di eliminare subito alcuni alimenti: i dolci (e tutto quello che contiene zucchero raffinato), gli stimolanti come il caffè e soprattutto le sigarette. Tutto diventerà più facile dal momento in cui il vostro corpo inizierà a disintossicarsi e a perdere il gusto per questi sapori. Non è mia intenzione obbligare qualcuno a smettere di fumare, anche se gli farebbe molto bene.

La frutta fresca è una fonte naturale d'energia, poiché in essa sono contenute vitamine, zuccheri e sali minerali. Impariamo a non considerarla come un fine pasto, ma una parte principale della dieta quotidiana. Prendiamone ora in esame i vari tipi, presenti sulle nostre tavole secondo le stagioni.

Frutta

Frutta acida. Per frutta acida intendiamo tutti gli agrumi (arance, pompelmi ecc.) e i frutti di bosco. Nonostante siano chiamati "acidi", una volta consumati hanno un effetto alcalino. Gli agrumi sono importantissimi per l'alto contenuto di vitamina C. Il nostro organismo ha bisogno di assimilare vitamina C quotidianamente, poiché non è in grado di accumularla. Il pompelmo inoltre ha enormi poteri depurativi, mentre l'arancia ha un alto contenuto di saccarosio, uno zucchero di facile assimilazione. Provate una spremuta d'agrumi a colazione. Importante è bere il succo appena spremuto, infatti, anche una sola mezz'ora fa perdere molto del suo valore nutritivo. Preferite sempre le spremute fresche, evitando anche qualsiasi tipo di dolcificante. Fondamentale però, non associarla a cibi come il caffè, le uova o la pancetta, perché unita a questi alimenti non riesce a svolgere la funzione "depurativa". Spicchi d'arance o pompelmi possono essere aggiunti alle insalate.

Frutta acidula. In questo gruppo comprendiamo l'uva, le ciliegie, le pesche, le mele, le banane, i meloni. Un pasto che comprenderà frutta acidula, integrato da uno yogurt o da un poco di formaggio fresco, sarà un pasto completo e leggero che vi farà sentire sazi.

Frutta secca. Comprende l'uva passa, i fichi, i datteri. Sono una fonte d'energia immediata per l'alto contenuto di zucchero. Li possiamo usare al posto dei soliti dolci, da evitare soprattutto se industriali. Si possono trovare in commercio altri tipi di frutta come le mele, le albicocche, le pere ecc. Da evitare assolutamente tutta la frutta secca con i conservanti (biossido di zolfo). Ricordatevi che la frutta acida non deve essere associata a quella secca.

Consumate la frutta assieme ad alimenti proteici quali i formaggi, le noci e le noccioline americane. È possibile unire frutta ad insalate di verdura, ad esempio: mele con lattuga, carote e noci.

Vegetali

I vegetali contengono importanti elementi nutritivi, spesso però, commettiamo l'errore di considerarli soltanto come un contorno. Molti di noi non si arrischierebbero a fare un pranzo di sole verdure in quanto sono convinti di non riceverne un sufficiente nutrimento o di non riuscire a riempire la pancia. I bambini di solito nutrono un'avversione per le verdure in generale. Come dar loro torto? Spesso le verdure non hanno un buon sapore a causa dell'errata preparazione. Un errore comune, ad esempio, è quello di cuocerle troppo, facendo loro perdere importanti sostanze nutritive (vitamine e sali minerali) e peggiorandone il sapore. Provate, per alcuni giorni, a mangiare senza condimenti e dolcificanti. Le vostre papille gustative riacquisteranno tutta la loro sensibilità e vi permetteranno di scoprire nuovi sapori semplicemente gustando un'insalata. Riscopriamo il gusto di mangiare le verdure crude.

Vegetali da frutto. Pomodori, peperoni, meloni, angurie. Queste verdure contengono: potassio, calcio, sodio, magnesio, ferro, fosforo. Sono poco caloriche, i pomodori inoltre hanno un alto contenuto di vitamina C ed un ottimo potere depurativo.

Vegetali amidacei. Sono le patate, le patate americane (dolci), i carciofi. Le patate contengono acqua, amido e cellulosa e in piccola parte proteine; quelle americane contengono anche zucchero. Sono un cibo importante per il loro contenuto di amido.

Vegetali a foglia. Tutte le varietà di lattuga, bietola, indivia, cavolini di Bruxelles ecc. Le verdure a foglia verde, dovrebbero essere mangiate in grande quantità, crude o scottate al vapore.

Vegetali a tubero. Includiamo in questa varietà le carote, le cipolle, l'aglio, i ravanelli, gli asparagi ecc.

Bibliografia

- BALASKAS, Arthur – STIRK, John L., *Stretching,* Como, red edizioni, 1986 (6ª ed., 1998), pp. 184 (L'altra medicina, 60).
- DE CHIRICO, Gianni, *Training autogeno,* Como, red/studio redazionale, 1984 (2ª ed., 1985), pp. 128 (L'altra medicina, 41).
- ECO, Umberto, *Come si fa una tesi di laurea,* Milano, Bompiani, Sonzogno, 1977 (7ª ed., 1983), pp. 249.
- GILBERT, Brad, *Winning Ugly,* New York, Fireside Editino, 1994, pp. Xii-228.
- HAVAS, Kato, *Stage Fright,* London, Bosworth & Co. Ltd., 1996, ed. italiana *La paura del pubblico,* Cremona, ed. Cremonabooks, 2002, traduzione di Monica Cuneo, pp. 140.
- HAVAS, Kato, *A NewApproach to Violing Playing,* London, Bosworth & Co. Ltd., 1961, ed. italiana *Un Nuovo Approccio al Violino,* Cremona, ed. Cremonabooks, 2004, traduzione di Monica Cuneo, pp. 80.
- HERRIGEL, Eugen, *Zen in der Kunst des Bogenschiessen*, Otto Wilhelm Barth Verlag, ed. italiana *LO ZEN E IL TIRO CON L'ARCO*, ADELPHI EDIZIONI s.p.a. Milano, 1975, traduzione di Gabriella Bemporad, pp. 100.
- HITTLEMANN, Richard, *Guida allo yoga pratico,* Milano, Arnoldo Mondadori Editore, edizione Club degli Editori, 1976.

- PLEETH, William, *Cello,* London & Sydney, Macdonald & Co. (Publishers) Ltd., 1982, ed. italiana *Il violoncello,* Padova, franco muzzio & c. editore spa, 1989, traduzione di Claudia Poz, pp. 240.
- SCHELLENBAUM, Peter, *La ferita dei non amati,* Novara, red edizioni, 1991 (1ª ed. Economici di Qualità, 2002), pp. 205.
- STANISLAVSKIJ, Kostantin S., *Il lavoro dell'attore su se stesso,* New York, Theatre Arts Books, 1963, ed. Italiana nella "Biblioteca Universale Laterza", 1982 (13ª ed., 2000), traduzione di Elena Polovedo, pp. Li-596.
- TREBBI, Alfredo, *Il contrabbasso,* Milano, Casa Musicale Sonzogno, 1998, pp. 207.
- WUJEC, Tom, *Ginnastica della mente,* Como, red/studio redazionale, 1990, pp. 192 (L'altra medicina, 91).
- ZI, Nancy, *L'arte della respirazione,* Como, red./studio redazionale, 1989, pp. 176 (L'altra medicina, 79).

Cocchi Paolo *ha conseguito il Diploma di II° livello in contrabbasso, indirizzo interpretativo-compositivo, con la votazione di 110 e lode. Ha frequentato i corsi di perfezionamento del M° Petracchi (Accademia Stauffer di Cremona e Accademia Chigiana di Siena), ottenendo per quattro anni consecutivi il "Diploma di Merito". Vincitore di vari concorsi in orchestra, nel 1989 ha vinto il "premio speciale per la migliore esecuzione del brano d'obbligo", al 2° concorso nazionale per strumenti ad arco "Città di Palermo". Nel 1993 è stato premiato al concorso internazionale "V. Bucchi". Dal 1997 ricopre il ruolo di contrabbasso di fila presso l'Accademia Nazionale di S. Cecilia di Roma.*